LA CARA OCULTA DE LA INDUSTRIA DE LA MÚSICA

COMO LA PRENSA Y LAS DISCOGRÁFICAS MANIPULAN A LOS ARTISTAS

POR
COLIN RIVAS

CONTENIDOS

PREFACIO DESDE 1959

Existe un mundo entero de conocimiento oculto para muchas personas ya que la mayoría de ellas no pueden además soportar la verdad cuando ésta está delante de sus narices en una pantalla de televisión o de cine.

INTRO MK CHAOS

el complejo militar industrial controla ciertas facetas de la industria del entretenimiento... contra inteligencia, la contra cultura, el countelpro y su relación con artistas, cantantes y sellos discográficos...

1 EL SELECTO CLUB DE LOS ILLUMINATI

¿Por qué vemos los mismos artistas una y otra vez?

2 ¿PORQUÉ USAR LA MÚSICA?

TOP OF THE POPS, LOS 40 PRINCIPALES, X factor, operación triunfo y un sin fin de cadenas de radio y televisión de programación musical son cubiertas que usan los Illuminati...

3 LA POLÍTICA Y EL ENTRETENIMIENTO

COINTELPRO, el programa de "contra-vigilancia" del FBI...Hippies, artistas y cantantes que se manifestaban y eran activistas pacíficos eran objetivos de este programa y operación MILITAR...

4 CUANDO EL ROCK SE MUERE...

¿Fueron las superestrellas de la música de la contracultura como Jimi Hendrix, Jim Morrison, Janis Joplin, y ocho años más tarde John Lennon asesinados por el gobierno de los EEUU?

5 FRANK ZAPPA CANTA ILLUMINATI

Zappa estaba casado con una mujer de "estirpe militar, incluyendo a su padre, que pasó su vida trabajando en la investigación de armas nucleares clasificadas Top Secret"

6 REBELDES SIN UNA CAUSA

El actor Sal Mineo, amigo de James Dean, fue apuñalado de muerte en un aparcamiento después de firmar para hacer el papel del asesino de JFK, Sirhan Sirhan en una película independiente de la época...

10 ¿QUÉ ENSEÑAN A LOS NIÑOS? 156-186

MIRA a tu alrededor, puedes ver la presencia Illuminati en la mayoría de todas las facetas de la industria del entretenimiento, especialmente el entretenimiento orientado hacia los niños...

11 187-216 ¿ILLUMINATI CONTROLAN DROGAS?

Un ejemplo temprano del hip-hop fue abordar temas sociales, "White Lines" es acerca de los malos momentos que tendrás que pasar con la coca. El hip hop y rap eran buenos antes ahora promocionan las drogas...

12 RAPPERS DE LOS ILLUMINATI 217-226

Cualquier persona, celebridad u otros que representen una amenaza para la agenda de los Illuminati está marcada con la muerte...

13 CONTROL DEL INTERNET

Google se infiltró en Apple, a lo cual la respuesta de Jobs fue despedir a todos los espías y abogados que se habían instalado en Apple, incluido Eric Schmidt de Google. Jobs le advirtió...

14 666 MARCA DE LA BESTIA

Varios iconos del rock de la segunda mitad del siglo XX, se obsesionaron por la veneración de una oscura figura, Aleister Crowley, conocido como "La Gran Bestia" o "666", miembro de la secta masónica...

15 RITUALES DE LOS ILLUMINATI

Los illuminati dicen que lucifer es el señor de este mundo. Este símbolo también aparece en videos musicales, en películas, dibujos, en los cuales se incluyen rituales illuminati como abuso y violación ritual...

"Las cosas secretas pertenecen al SEÑOR nuestro Dios, más las cosas reveladas nos pertenecen a nosotros y a nuestros hijos para siempre, a fin de que guardemos todas las palabras de esta ley."
- Deuteronomio 29:29

"Es gloria de Dios encubrir una cosa, Pero la gloria de los reyes es investigar un asunto."
- Proverbios 25:2

"¿Quién es éste que oculta el consejo sin entendimiento? Por tanto, he declarado lo que no comprendía, cosas demasiado maravillosas para mí, que yo no sabía."
- Job 42:3

PREFACIO

" **J** ordan Maxwell es un prolífico investigador y orador que lleva tratando temas como el mundo oculto de Hollywood, sociedades secretas, filosofías esotéricas y ufología desde 1959. Su trabajo no sólo es fascinante de explorar, sino demasiado importante para que pueda ser ignorado. Existe un mundo entero de conocimiento oculto para muchas personas ya que la mayoría de ellas no pueden además soportar la verdad cuando ésta está delante de sus narices en una pantalla de televisión o de cine. A mí, como a Jordan nos encanta encontrar la verdad y saber más. ¡Esa es la diferencia! Jordan ha trabajado e impartido conferencias al lado mismo de los estudios, en los cuales, no sólo cineastas sino actores y guionistas le han escuchado y absorbido este tipo de conocimiento que sólo Jordan y unos privilegiados poseen. Sin ir más lejos, la filosofía y temática de las películas como El Código Da Vinci o Matrix están claramente influenciadas por charlas y conferencias que Jordan dio en esos mismos estudios de Hollywood de Los Ángeles allá por los años 60, 70 y 80.

Por otro lado, hay dos tipos de cosas que me gustaría explicar: El tipo de cosas que uno busca y el tipo de cosas de que uno se da cuenta que suceden. Por tanto, el hacer la pregunta correcta significa la mitad del camino, para llegar o encontrar la respuesta correcta. Por ejemplo, en el Nuevo testamento, se considera a Jesús como la piedra angular que los constructores rechazaron. La piedra angular es la punta de la pirámide. Este es un símbolo muy poderoso en las portadas de álbumes de música y posters de películas de la industria de Hollywood que bombardea nuestras pantallas a menudo y pasa sin pena ni Gloria como otro símbolo más por nuestras mentes reduccionistas y materialistas. Pero quién está entonces detrás de esta pirámide y, consecuentemente de los grandes estudios de Hollywood y sellos discográficos."

"¿De dónde surge la palabra "**Iglesia**" en inglés o en español? Aunque, una pregunta, que contestaremos aquí mismo, que parece que no tiene ninguna relevancia; pero si sigues el rastro del dinero y del control mental que algunas instituciones ejercen sobre los ciudadanos, a través del marketing y la propaganda televisiva, musical y cinemática, pronto tomará un profundo sentido.

Según varias teorías ocultas lingüísticas, dicen que viene de la palabra escocesa "Kirk" (Church o Ecclesia). También se remonta a la diosa griega llamada **Circe**. Esta se convirtió a Madre **Circe** en Roma. Los Templarios la llevaron a Escocia y la llamaron Mother Kirk y los ingleses, Madre Iglesia o **Mother Church**. De ahí, que en español la *Santa Sede* sea también femenino. De acuerdo con la mitología Griega, **Circe** era capaz de hipnotizar con su magia a las personas y llevarlas a su casa, y ahí encerradas, quitarles su mentalidad y sus cerebros para convertirlos en animales y después pasar a devorarlos. Y esto es precisamente lo que la Madre Iglesia ha hecho a través de Hollywood, la música y la televisión. En todo el mundo, la iglesia o su credo materialista controlado por los Illuminati se ha metido en el cerebro de las personas, les ha quitado su mente, despojado de su inteligencia y de su habilidad natural para pensar críticamente, ha cerrado la puerta tras ellos y ahora se alimenta de ellos a través de programas basura de la tele, de adolescentes cantantes sin talento de música popular a través de la radio y de temas ocultistas que aparecen en el 80% de las películas producidas por Hollywood y sus correspondientes series de televisión.

Debo, por tanto advertirles que las mismas personas que te han dado a los Illuminati, que te han dado los cárteles de la Banca internacional, que te han dado tus sistemas de gobiernos corruptos, y la cultura popular de Hollywood y telebasura, también te han dado la Iglesia. Hay una historia en la Biblia, en el Nuevo Testamento, más concretamente, llamada cristianismo. Es una historia oculta, llena de símbolos. Es una metáfora y por eso mismo a la Biblia se le llama "*la historia más grande jamás contada*." Y por tanto, dicha historia se hizo en un blockbuster de Hollywood en los años 70 con Max Von Sydow como Jesucristo. Pero, es sólo un cuento. Y es muy interesante, en cuanto a entretejidos simbólicos y metáforas se refiere."

"Cuando hayas comprendido lo que estos símbolos significan puedes flipar, y ver el mundo desde otra perspectiva, incluso los telediarios, las películas y series de Hollywood, y serás capaz de entender muchas de las letras de tus artistas favoritos que no significan lo que crees que de verdad significan. La iglesia no es más que una entidad empresarial fundada en Europa por los Caballeros Templarios. La misma gente que hoy llamamos banqueros internacionales. Los banqueros internacionales son dueños de tu gobierno. Ellos se suponen que son dueños incluso de tu cuerpo. ¡Sí como oyes! Son dueños de tus sistemas de comunicación, tus sistemas bancarios, de Hollywood y de las cadenas televisivas y de toda la información que aparece en la televisión. Son dueños de tu iglesia, etc... Retomando el tema de la piedra angular. Lo que vamos a ver a continuación aquí es que la piedra angular de las escrituras es el ojo que todo lo ve de los Illuminati, que aparece en películas, en portadas musicales y en los cuerpos en forma de tatuaje de muchos cantantes y artistas famosos y celebridades. Entonces, te preguntarás ¿Por qué hay una pirámide en la parte posterior de un billete de un dólar? Éste es el símbolo real de Jesús. La piedra angular principal... Citando los proverbios de la Biblia, capítulo 25,2: "Es gloria de Dios encubrir una cosa, Pero la gloria de los reyes es investigar un asunto". Parece como si Dios estuviera haciendo una broma de mal gusto... y ver si eres lo suficientemente inteligente para entender esto que estoy contándote. El encubre y espera a ver si eres lo suficientemente humilde, si tienes una espiritualidad integra y lo suficientemente listo y espabilado para entender esto. ¡Está justo en frente de ti, en tus narices y nunca te diste cuenta! Obviamente, éste es un símbolo muy importante y poderoso en nuestro mundo para las personas que dirigen los Estados Unidos y Europa, tanto el nuevo como el viejo orden mundial, los que de verdad controlan el planeta. En la pirámide también dice en latín: **Novus Ordo Seclorum**. Simplemente significa, el nuevo orden de las eras o la nueva era o el nuevo orden mundial. En un principio fue Virgo. El historiador o poeta de la corte, podría decirse. La corte lo nombraba poeta en el imperio romano de los Césares, por ejemplo su nombre era Virgo. Y en honor al César escribió un poema. Tenía un poema en el que se refería a algo llamado Novus Ordo Seclorum, el nuevo orden de las eras."

"**E**s necesario entender que el Imperio Romano está todavía con nosotros, se llama Vaticano, el Santo Padre. Te diré una cosa. No hay nada de sagrado en el Santo Padre, ni nada santo en la iglesia, y no hay nada sagrado en Israel. Lo único sagrado en Israel son las historias, pues están llenas de sangre, que es de donde viene la palabra sagrado de sangre, de la sangre menstrual de la mujer, igual que la palabra secreto o secreción. No hay nada santo en Salt Lake City, en Roma, en Nueva York o en ninguna parte. Actualmente, la palabra **Novus Ordo Seclorum** o nuevo orden de las eras se relaciona con los Illuminati, tanto en Hollywood como en el internet, y esto es por algo. Estos son símbolos ocultos que se pueden encontrar en el billete de un dólar. Ralph Epperson, en su libro El Nuevo Orden Mundial, realizó una impecable investigación sobre el ocultismo que hay en los asuntos mundiales.

Encontramos que el ojo está conectado con los Illuminati, y dicho sea de paso, en 1966 cuando Anthony J. Hilder realizó las primeras grabaciones en discos de vinilo junto con un hombre llamado Myron Fagan. Myron Fagan era un dramaturgo judío que hablaba sobre algo llamado los Illuminati y Anthony Hilder realizó estas grabaciones en 1966, hace más de 50 años y en 1963 iba a dar una conferencia en el centro de Los Ángeles sobre las sociedades secretas y órdenes fraternales que hay en el gobierno y la religión, cuando me enteré que habían asesinado a Jonh Kennedy. Así que en 1963 yo estaba dando conferencias. Eso fue hace más de 50 años. Ya me he olvidado más sobre este tema que la mayoría de la gente va a tener la esperanza de entender. Pero el problema actual es que estoy hablándole a un público que no tiene ni idea de lo que estoy hablando. La insignia, por ejemplo, que sale en las películas de James Bond y utilizada por el MI5, MI6, el Servicio Secreto de su Majestad, la reina de Inglaterra. Puedes ver el ojo en la parte superior. Te diré, que la inteligencia británica ofrece inteligencia no sólo para que los británicos controlen el mundo, también proporciona la teología para muchos de nuestros cultos Ritos York en los Estados Unidos y partidos masónicos en Europa y temas para las películas de Hollywood, algunos de estos agentes están infiltrados como periodistas en prensa, en la tele y como actores en películas de alto calibre al estilo de ***Confesiones de una mente peligrosa*** que aparentemente es una comedia dramática dirigida de Charlie Kaufman basado en el libro de Chuck Barris.

"**P**ertenece a los estudios Miramax Films, tiene 113 minutos de duración y La película cuenta la historia de un legendario show-man de la TV con una doble vida: productor de televisión de día, asesino de la CIA de noche y Clooney como director. Las enseñanzas de muchos de nuestros cultos religiosos en los Estados Unidos y Europa provienen del MI5 y Mi6, de la inteligencia británica. Así que... ¿este símbolo es malo o bueno? ¿Y qué significa realmente el ojo en el triángulo de la pirámide y porque está en el billete de un dólar? Bueno, en primer lugar el ojo es en sí muy importante y por supuesto sabemos que el ojo se ha asociado con los Illuminati. La razón por la cual está la palabra Illuminati, se debe a que en la antigua lengua sumeria a los dioses se le llamaba illus o illy, lo que nos da el concepto de que Dios es la iluminación. Dios es la iluminación.

El ojo representa dicha iluminación. Y se ha utilizado el ojo y el triángulo en la Francmasonería y se utiliza en la Francmasonería en todo el mundo. Te daré unos ejemplos, la CBS tiene el ojo que todo lo ve. ¿Dónde se originó la idea? La idea del ojo viene de Egipto. Es el ojo de Horus. Horus era el sol y caminó a los cielos en doce pasos. Cuando nació fue llamado Horus del primer paso. A los pasos se les llamaban Horuses, ahora se les llaman horas. Y el sol trae la luz al mundo, por consiguiente, en latín, luz era lucius de donde tenemos a Lucas o Luke Skywalker, que lucha contra Darth Vader, el príncipe de la oscuridad. También se conoce al ojo de Horus como el ojo de Ra, que representa el sol y expresa la omnipotencia divida del Dios creador. Así que en el antiguo Egipto, el ojo representaba la presencia de Dios. El ojo está estrechamente relacionado con la luz... el espíritu. Es un símbolo de la visión mental. El espejo del alma.

Un instrumento de expresión intelectual del alma. La luz del sol. Horus representa la iluminación intelectual. Las imágenes del dios-sol Ra combinan las imágenes del sol y el ojo. En consecuencia, siempre se le hizo referencia al sol como el ojo de Dios. El sol de Dios, la luz del mundo. Y camina sobre el agua y se va en una nube y regresa en una nube. Así es, todas las mañanas alrededor de las 5:30 regresa en una nube y todas las noches se va en una nube. Estamos hablando del sol de Dios, no del hijo. Es un juego de palabras. Definición (de un diccionario de símbolos, Biblioteca de Investigación Filosófica): El ojo: Teniendo en cuenta que el sol es la fuente de luz y esa luz es el símbolo de la inteligencia y el espíritu. Por su puesto, si eres intelectualmente iluminado se dice que eres brillante y por lo tanto, dado que el sol es la fuente de luz y esa luz es el símbolo de la inteligencia, el proceso de ver representa el acto espiritual de la comprensión simbólica."

"**E**n el diccionario de todas las Escrituras y Mitos, encontramos: El ojo es de nuevo el símbolo de la percepción mental, el discernimiento de las ideas. El ojo representa en el mundo antiguo y aún hoy en día en tu cerebro, tu Dios esclarecedor. Y ahora dirás "Oh, ya lo veo…" ¡No, no, no! Lo que quieres decir es que finalmente salió el sol. Por fin el sol ha llegado desde la oscuridad de tu vida y te iluminó. El sol representa la iluminación espiritual. En el diccionario de temas bíblicos: El ojo humano puede simbolizar la visión espiritual, la comprensión espiritual, en el cual la ceguera puede ser una metáfora de la oscuridad, la ignorancia de Dios y la rebelión. En la Enciclopedia de la Religión: El ojo es un órgano privilegiado del conocimiento, es el órgano de los sabios y entendidos.

De Buda, el despierto recibió la iluminación a través de los ojos celestes. La luz del sol es el origen de toda la vida y el bienestar de la naturaleza. Por lo tanto, estamos hablando de que el sol, en el mundo de la mente también el amanecer de la luz vino a representar la conciencia, la iluminación y el conocimiento, haciendo de la luz un símbolo universal. En el antiguo mundo sumerio, vemos el sol y tiene un ojo, el ojo de Dios. Del libro *El viejo enemigo, Satán y el mito de combate*: Este era el príncipe de las tinieblas y estaba tratando de matar el sol de Dios, la luz del mundo, nuestro salvador. Por supuesto, el sol es tu salvador resucitado. Si no aparece estamos muertos. Así que sale y te salva. Había una antigua historia del príncipe de la oscuridad y su nombre era Set, porque se dieron cuenta de que la oscuridad llegaba cuando se ponía el sol en Egipto. El sol de Dios tenía un hermano malvado y su nombre era Set. Y así es la guerra entre la luz y la oscuridad, o de la iluminación intelectual, espiritual y de la estupidez. En el libro de los Salmos, 33, 18, dice: "He aquí los ojos del Señor están sobre aquellos que le temen, sobre aquellos que esperan por su gracia…"

El judaísmo utiliza el ojo y en el mundo islámico "el ojo de la sabiduría." En Egipto: La llegada y la victoria del Dios sol sobre las tinieblas. También se utiliza el ojo en el triángulo en los símbolos cristianos. El número 12 es importante, 12 apóstoles, etc. El sol tiene 12 ayudantes y se representan los 12 signos del zodíaco. En los textos antiguos el zodíaco era conocido como el reino. Lo que estoy tratando de decir aquí es que este concepto de Jesús, el sol de Dios/hijo. Jesús es una metáfora. La cual vemos también en Hollywood."

"Es una palabra simbólica que significa la luz del mundo, la iluminación intelectual y espiritual. ¿Qué representa la pirámide egipcia y qué relación tiene con el ojo? En primer lugar, la mayoría de las pirámides fueron pirámides dedicadas al Sol. Hay algunas que se hicieron para la Luna, pero la mayoría son dedicadas al sol. Las pirámides son utilizadas en todo el mundo. Aquí hay un punto importante. Se cree que todo esto ha representado la montaña cósmica. En el pensamiento esotérico, la pirámide se puede considerar no sólo como la representación del eje del mundo, sino como un símbolo de iluminación. Su ápice es la obtención espiritual, es decir, cuando inicias la vida, la inicias en la base. Y si comienzas tu camino en la parte inferior tienes que hacerte camino a la cima, y afortunadamente, al final de tu vida, cuando llegues a la cima de tu vida, finalmente serás iluminado intelectualmente y espiritualmente. Estás arrastrándote en la pirámide de tu vida para llegar a la cima y tener la iluminación espiritual e intelectual.

Eso es lo que representan las pirámides. Ápice: Ten en cuenta que el sol representa el ojo de Dios, el símbolo de la más alta iluminación intelectual y espiritual. Esto se conocía en Egipto como la piedra angular. La terminología correcta que utilizan los piramidólogos actuales es piramidión. Este es un concepto muy interesante. En la parte superior de la pirámide está el sol, la luz del mundo, es decir, una vez que alcanzas la cima de la pirámide de tu vida eres un iluminado intelectual y espiritualmente; por lo menos se supone que lo eres. Así que el sol con el triángulo es el símbolo de elevar tu vida a dimensiones superiores. Las compañías cinematográficas utilizan estos mismos símbolos. La pirámide es un símbolo mesiánico.

Cuando, por ejemplo, hablamos del templo de Salomón. Nunca hubo ningún rey Salomón, había un rey SOL OM ON. Es simplemente el nombre del sol en las tres lenguas esotéricas del mundo. Dios del sol, la luz del mundo. O SAL OM ON. La ciudad santa, el pináculo del templo. La conclusión de todo esto es que el templo de Salomón es la pirámide de Giza. Es el verdadero símbolo antiguo de la presencia de Dios y el símbolo del Mesías y la teología hebrea y cristiana es la pirámide junto con el ojo que todo lo ve."

"El ojo que todo lo ve representa la vigilancia eterna de lo infinito y en el antiguo Egipto el ojo de Horus era el redentor. El ápice en la parte superior realizando una treintena de obras de redención para la humanidad. Hombres imperfectos e incompletos sin la cima de su naturaleza divina. El ojo que todo lo ve en el billete de un dólar no se encuentra en la cima de la pirámide, sino que flota por encima de ella, porque el hombre aún no ha realizado su unión espiritual con su yo material. La estructura de la pirámide representa la construcción de la sociedad para la perfección gradual de la actividad humana coronada por la operación divina. La pirámide es el símbolo de la presencia de Dios en Egipto, la luz del mundo. Toda la historia es una metáfora de la iluminación personal y espiritual, que vemos en logos de compañías y en la televisión y eso es lo que la pirámide en la parte posterior del billete de un dólar significa. Los medios de comunicación corporativos albergan a cientos de propagandistas de la CIA y otros acólitos que encuentran inconvenientes las revelaciones concernientes a los asesinatos políticos domésticos y se pasean con pocos comentarios impunes. Desde hace más de cuarenta años, la agencia y el crimen organizado han participado en un programa para silenciar a los músicos populares cuya influencia subverte las tácticas cínicas de control del pensamiento del gobierno y los medios americanos y de otros gobiernos europeos. Este libro es un intento de devolver esa evidencia al registro histórico..."

El autor también desea agradecer a Elliot Mintz, portavoz de Bob Dylan y Yoko Ono, al archivador de música reggae Roger Steffans y al editor realista Paul Krassner por el admirable papel que han desempeñado para oponerse a algunos de los actos inimaginables descritos en este volumen de Hollywood oculto. Y a los amigos que tenían una pieza del rompecabezas y han contribuido gratuitamente, incluyendo a Will Robinson, a Marilyn Colman, a Brussell Sprouts, a David X. Patrick Fourmy, editor de Prevailing Winds, Al Marcellienme, John Judge, a Lee Lewe-Lee, a Cynthia Ford, a Lynn Moss, y los investigadores del CTRL, Vicky - Guerra Michael Putinism, Melissa Darpino, Sharon White, Andrew y David, MIHRA, Linda Minor, Shannon Whitman, Adam Parfray, Bennett Theissen, Matty, DasGoat, Virginia McCullough y Dick Farley. Los bibliotecarios pertinentes de la biblioteca de investigación de la universidad de los Ángeles, California, UCLA, y el sistema de bibliotecas municipales de Los Ángeles. Junto a Moisés Rojas vamos a analizar todo el entresijo Illuminati de la industria del entretenimiento y más allá.

INTRO

LA OPERACIÓN CHAOS O OPERACIÓN MHCHAOS (CRIPTÓNIMO CIA CON DÍGRAFO MH DE MANEJO DE RECURSO HUMANO)8 FUE EL NOMBRE CÓDIGO DE UN PROYECTO DE ESPIONAJE DOMÉSTICO (COMPLETAMENTE PROHIBIDO POR LA CONSTITUCIÓN DE ESTADOS UNIDOS) CONDUCIDO POR SU AGENCIA CENTRAL DE INTELIGENCIA. ALGUNO AUTORES LA DEFINEN ERRÓNEAMENTE COMO MKCHAOS , PERO EL DÍGRAFO MK INDICA UNA OPERACIÓN DEL EQUIPO DE SERVICIOS TÉCNICOS.

UN DEPARTAMENTO DENTRO DE LA CIA FUE ESTABLECIDO EN 1967 POR ÓRDENES DEL PRESIDENTE DE LOS ESTADOS UNIDOS LYNDON B. JOHNSON Y MÁS TARDE EXPANDIDO POR EL PRESIDENTE RICHARD NIXON. LA OPERACIÓN FUE LANZADA DURANTE EL MANDATO DEL DIRECTOR DE INTELIGENCIA CENTRAL (DCI) RICHARD HELMS, POR EL JEFE DE CONTRAINTELIGENCIA, JAMES JESUS ANGLETON, Y DIRIGIDA POR RICHARD OBER. LAS METAS DEL PROGRAMA ERAN DESENMASCARAR POSIBLES INFLUENCIAS IZQUIERDISTAS EN LOS MOVIMIENTOS ESTUDIANTILES ANTIBÉLICOS. EL DÍGRAFO MH EN EL CRIPTÓNIMO CIA INDICABA QUE ERA UN PROYECTO DE RECURSOS HUMANOS DE ALCANCE GLOBAL.

CON EL TIEMPO, LOS OFICIALES DE LA CIA EXPANDIRÍAN EL PROGRAMA PARA HACER CABER A CUALQUIER ORGANIZACIÓN DE LA CONTRACULTURA , AUNQUE NO TUVIESE RELACIÓN ALGUNA CON LA GUERRA DE VIETNAM, COMO LAS FEMINISTAS, MÚSICOS O ARTISTAS. EL ESPIONAJE DOMÉSTICO DE LA OPERACIÓN CHAOS TAMBIÉN APUNTÓ A LA EMBAJADA DE ISRAEL Y TODOS LOS GRUPOS DE PODER LIGADOS AL LOBBY JUDÍO , COMO EL B'NAI B'RITH. PARA OBTENER INTELIGENCIA DESDE LA EMBAJADA Y DESDE EL B'NAI B'RITH, LA CIA COMPRÓ UNA COMPAÑÍA DE BASURA PARA RECOPILAR TODOS LOS DOCUMENTOS QUE FUERAN DESTRUIDOS Y HACER PERFILES DE LOS EMPLEADOS.

BLANCOS ESPECÍFICOS DE LA OPERACIÓN CHAOS DENTRO DEL MOVIMIENTO ANTIBÉLICO INCLUÍAN:

- STUDENTS FOR A DEMOCRATIC SOCIETY
- PARTIDO PANTERA NEGRA
- WOMEN STRIKE FOR PEACE
- CONTRACULTURA [MÚSICOS, ARTISTAS, ACTORES]

"Para empezar a cambiar el mundo, lo primero que tienes que hacer es ordenar tu cabeza."

-Jimi Hendrix

EL ATRACTIVO CLUB DE LOS ILLUMINATI

"El mundo es un escenario, y todos somos meros actores"
-William Shakespeare

¿Alguna vez te has preguntado cómo alguien puede irse a dormir a viviendas públicas de protección civil por la noche y despertarse en una mansión aparentemente de la noche a la mañana? Después de haber trabajado 25 años en la industria de la música y haber presenciado de primera mano el funcionamiento interno de la máquina de la fama de cerca; Yo personalmente conozco a varios artistas que están ahora o fueron empleados por los Illuminati, quienes les prometieron fama, dinero y poder si "*se agotaban o vendían todas las entradas de sus conciertos*". Sin embargo, "*el vender el alma al diablo*" tiene un significado diferente actualmente y desafortunadamente para estos artistas, que son simplemente peones en un tablero de ajedrez global, y no se dan cuenta que están siendo utilizados hasta que sea demasiado tarde. ¡No te equivoques! Los Illuminati no son un fenómeno nuevo. Ellos han estado con nosotros durante mucho, mucho tiempo.

La infiltración de los Illuminati en la música de los 90 y 2000 como el rap o el hip-hop que es un fenómeno relativamente nuevo. Hubo varios compositores de música clásica que fueron conocidos como Illuminati, ejemplos los hay varios y variopintos, y tenemos a Brindl, Benedikt Hacker1, Gustav Friedrich Wilhelm Grobmann, y Christian Gottlob Neefe (profesor de Beethoven), Referencias a los Illuminati en la música aparecían ya en 1791, particularmente en "*The Magic Flute*," (Recientemente revivido por Disney), una ópera interpretada en dos actos y compuesta por Wolfgang Amadeus Mozart a un libreto alemán de Emanuel Schikaneder. Schikaneder y Mozart eran masones y hermanos o "fraters" en sus respectivas logias austríacas.

Curiosamente, esta ópera está en el modo de un *Singspiel*, una forma popular que incluía tanto el canto y la palabra hablada (es decir, el rap) de diálogo. Sin embargo, el interés de los Illuminati en utilizar la industria de la música como una forma de control de la mente comenzó en los años cincuenta con el rock n roll, luego heavy metal y ahora el Rap y el Hip-Hop. Pero a diferencia de su infiltración tardía en la música, los Illuminati han estado involucrados en la industria del cine desde su creación. (Esta última parte sobre la industria del cine está incluida en el Parte II de estas series sobre Hollywood oculto)

Los Illuminati proporcionan muchas ventajas para sus adherentes tales como ofertas de trabajo fantásticas, fama, dinero, y poder a través del ancho mundo. Entre los seguidores conocidos se encuentran Oprah Winfrey, Jesse Jackson, Al Sharpton, Martha Stewart, Denzel Washington, Jay-Z, Halle Berry, Bill Cosby (éste último imputado por varias violaciones) y Anna Wintour. Will y Jada Smith, Tom Cruise, Jennifer López, Jennifer Hudson, Samuel L Jackson, Ne-Yo, Russell Simmons, Kobe Bryant y los presidentes Clinton, Bush y Obama por nombrar algunos.

No fue de imprevisto cuando Oprah Wingfrey denunció públicamente sus dudas acerca de la existencia de Dios en la televisión nacional americana. También podrías recordar que Oprah despreció la cultura hip-hop hasta que Jay-Z se metió con el Jesús del cristianismo en su rap *Empire State of Mind*. Lo siguiente era que, Jay-Z era invitado al programa de entrevistas de Oprah. Por cierto, el acrónimo o anagrama de la empresa de producciones de Oprah Winfrey Network es O.W.N. Ya sabes lo que eso significa. ¿Pero sabías que al revés se lee? ... N.W.O. ¡Como en el Nuevo Orden Mundial en inglés!

Pregunta: ¿Por qué te parece que las celebridades pasan por el mismo grupo genético de [en] otros compañeros-as sentimentales y pibones, (Mel B., Kim Kardashian, Kimora Lee Simmons, Rose Amber, Nicole Murphy, Draya, Katt Stacks, Etc.) pasándoselos unos a otros entre sí como si fueran regalos?

Respuesta: Porque hay una faceta de los Illuminati que es el emplear esclavos (esclavos masculinos y femeninos) cuyo trabajo es mantener a las celebridades lo mas pasivas posible, desenfocadas y susceptibles a la dominación y control de los Illuminati.

¿Por qué vemos los mismos artistas una y otra vez? Debido a que los artistas que están dispuestos a difundir la decadencia, el exceso, el odio, la violencia y mensajes degradados se ponen a la vanguardia y cualquier artista positivo, edificante les arruinan sus carreras y les arrebatan la pasta, propiedades o se deshacen de ellos. ¡Así de simple! Cada celebridad, famoso o famosilla no está necesariamente conectada a los Illuminati, ni es que cada muerte de un famoso o celebridad Illuminati estén relacionados, pero el hecho es que muchos de ellos lo son.

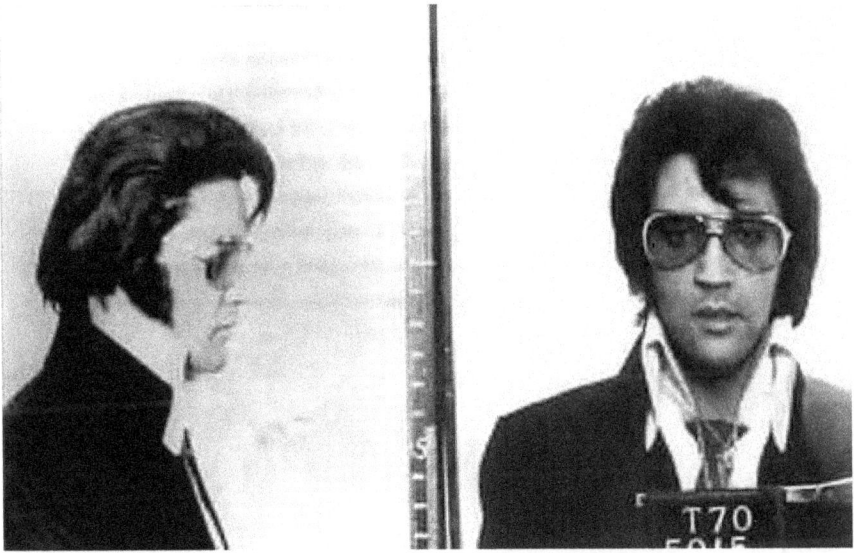

"Nunca he escrito una canción en mi vida, todo es un gran engaño"
-Elvis Presley

¿POR QUÉ USAR LA MÚSICA?

"Iban a detener todo el rock & roll empezando por nosotros, The Doors. Era considerado el grupo de Rock más peligroso porque decíamos. "Queremos el mundo y lo queremos ahora."

-Ray Manzarek, teclista del legendario grupo The Doors

TOP OF THE POPS, LOS 40 PRINCIPALES, X factor, operación triunfo y un sin fin de cadenas de radio y televisión de programación musical son cubiertas que usan los Illuminati a través de sus poderosos sellos discográficos musicales y cinemáticos cuyo único propósito es diluir las mentes de la gente con ideales perversos y esclavizar sus mentes mostrando una programación hipersexualizada, materialística, violenta e ignorante. La falta de programación significativa y positiva en la mayor parte de cadenas de música o cine sirve a la agenda Illuminati. Y aunque hay muchos grandes artistas y con talento que tienen ofertas positivas, son archivados porque se niegan a participar en el plan global de los Illuminati de la dominación del planeta con una sola cultura, un solo gobierno y un solo pensamiento único.

La hipnosis de masas es alcanzable por la repetición de un tema importante (como la música pop o el "rap" o simplemente estribillos fáciles de recordar) hasta que es aceptado como hecho por el subconsciente y luego la mente consciente. Tales mensajes pueden ser transmitidos durante programas de TV, MÚSICA, videojuegos o películas y no son inmediatamente percibidos por los ojos y la mente consciente. Los Illuminati escogen a sus peones de aquellos que son influyentes y capaces de promover su agenda. Los jóvenes desfavorecidos son específicamente atacados por sus comportamientos autodestructivos, actitudes rebeldes hacia la autoridad, tendencias criminales y / o ignorancia general e ineptitud.

Los Illuminati perciben este elemento particular de la sociedad como indeseable. Por lo tanto, sienten que el mundo progresará progresivamente bajo el control total de los Illuminati, todos los aspirantes a revolucionarios, exceso de equipaje (es decir, adictos, ancianos y enfermos) y jóvenes delincuentes y rebeldes primero deben ser eliminados para que haya más recursos para las clases privilegiadas (es decir, la "élite"). Cualquier indeseable restante será entonces alistado como una "clase de esclavos" para servir a la llamada "élite". ¿Por qué la gente no abre los ojos y ve lo que está pasando? ¿Por qué no escuchan?

Aunque no nos consideramos cristianos, la biblia contiene respuestas en ciertos códigos, los cuales, nuestros ancestros nos habían ya avisado del peligro que acecha en el futuro:

"Entrad por la puerta estrecha, porque ancha es la puerta y amplia es la senda que lleva a la perdición, y muchos son los que entran por ella."
-Mateo 7:13

Un libro que me encantó y leí hace unos años fue **CUATRO BUENAS RAZONES PARA ELIMINAR LA TELEVISION** del gran Jerry Mander, este libro es el primero en defender que un medio como la TV no es reformable. Sus problemas son inherentes a la propia tecnología y son tan peligrosos, a la salud y la cordura personales, al medio ambiente y al proceso democrático, que la televisión debe ser eliminada para siempre.

Tejiendo experiencias personales a través de una investigación meticulosa, el autor se extiende ampliamente sobre aspectos de la televisión que rara vez han sido examinados y nunca antes unidos, lo que permite una imagen completamente nueva y aterradora. La idea de que todas las tecnologías son "neutras", instrumentos benignos que se pueden usar bien o mal, está abierta a profundas dudas. Hablar de la reforma televisiva es, en palabras del autor, *"tan absurdo como hablar de la reforma de una tecnología como las armas."*

Éste es un libro escrito por un profesional que ha trabajado mucho tiempo en la industria televisiva, que conoce sus entresijos y que ahora se ha convertido en uno de los críticos más importantes de este medio. En sus páginas el autor no sólo nos ofrece un estudio detenido de la forma en que las empresas y la programación televisivas afectan a nuestra sociedad y a nuestros hábitos.

Jerry simplemente en términos más conservadores que los míos explica que la televisión es un arma de destrucción masiva poderosa y parcial la cual nunca podrá ser controlada por la gente sino por un pequeño grupo elitista el cual también la lleva utilizando durante años con este exacto propósito, el lobotomizar a las masas y volverlas estúpidas. Estamos entonces llegando al fenómeno que algunos autores describen como *__estupidificación de la prole__*.

"Nuestra sociedad está dirigida por personas locas con objetivos locos.
Creo que estamos siendo dirigidos por maníacos con fines maníacos y
creo que soy susceptible de que me traten como a un loco por
expresarme así. Eso es lo que significa estar loco..."
-John Lennon, 6 de Junio de 1968

POLÍTICA Y ENTRETENIMIENTO

"La verdadera razón del viaje finalmente salió cuando Elvis dijo: Señor Presidente, ¿puede conseguirme una chapa de la Oficina de Estupefacientes y Drogas Peligrosas? ". Y el presidente me miró y dijo, 'Bud, ¿podemos conseguirle una chapa del FBI?'."

-Bud Krogh, Consejero de la Administración Nixon 1971

Para recapitular donde dejamos en nuestra introducción informativa del principio del libro, el ex agente de la CIA Richard Ober, era el director de **OPERATION CHAOS**. La vigilancia doméstica más amplia y la red de operaciones secretas en la historia de Estados Unidos. La respuesta de los sectores de inteligencia a los movimientos pacíficos y los derechos civiles, fue también la gestión de programas de asesinatos encubiertos. El gobierno de Nixon triunfó a base del asesinato político. La C.I.A. había reunido una espesa experiencia de métodos letales.

Este proyecto comenzó con una nota anónima y sin fecha sobre el asesinato por "causa natural". El objetivo era deshacerse de las personas clave que el documento fuertemente censurado especificaba, "*cómo golpear a los chicos clave, las causas naturales, una nota desclasificada...*" otros puntos del memorando apuntaban a:

1. Cuerpos abandonados sin esperanza de vida si la causa de la muerte es determinada por la autopsia más completa y exámenes químicos,

2. Cuerpos abandonados en circunstancias tales como para simular la muerte accidental

3. Cuerpos abandonados en circunstancias tales como simular suicidio accidental

4. Cuerpos abandonados con residuos que simulan los causados por enfermedades naturales.

El 2 de abril de 1977 el Washington Post informaba que la agencia había experimentado con venenos y drogas exóticas. En 1967 una forma subversiva de música se fusionó con la política en San Francisco, California.

Por lo tanto, las tácticas de desestabilización se resumieron en un memorando filtrado, extracto: "*mostrarlos como depravados. Desviar la atención hacia sus hábitos, y cada posible vergüenza. Enviar artículos al periódico mostrando su depravación. Utilice información errónea para confundir y corromper. Provocar a los grupos objetivo en rivalidades que podrían resultar en la muerte.*"

Por primera vez desde su creación, el estado de guerra erigido por los hermanos Dulles, Hoover, MacArthur, Kissinger, Nixon, etc..., fue amenazado por un segmento cada vez más militante de la sociedad. El FBI tomó el guante. El 30 de julio de 1994, los archivos de Inteligencia sobre Leonard Bernstein revelan que el FBI pasó incontables horas examinando sus vínculos con asociaciones consideradas comunistas y subversivas. La agente del FBI Jane Moore dijo que el FBI vio la fuerza y el poder de la idea del socialismo, se dio cuenta de que representaba un peligro muy real para nuestro estado corporativo motivado por el lucro y había declarado una guerra encubierta total no sólo contra los revolucionarios vestidos de mezclilla sino todas las fuerzas progresistas.

La táctica de las agencias era reducirlas o quemarlas antes de que se dieran cuenta de su potencial. A nivel federal, la CIA, ya estaba persiguiendo objetivos similares bajo el nombre de código **Operación Caos**.

Los objetivos principales de esta operación eran los del Movimiento afroamericano Black Panther (Gerónimo Pratt, encarcelado 27 años por asesinatos que no cometió, también fue blanco del **COINTELPRO**, el programa de "contra-vigilancia" del FBI) Hippies que se manifestaban y eran activistas pacíficos eran también blancos de este programa y operación. Muchas circulares y panfletos de grupos independientes al gobierno y que criticaban a este fueron silenciados o simplemente no publicados en periódicos o abandonados por los anunciantes que habían sido presionados por el FBI desde 1967 a 1972, la operación recopiló 13.000 expedientes, que afectaban a 300.000 personas y organizaciones.

La dirección de operaciones de la CIA creó un índice de 7 millones de nombres. La mafia jugaría un papel relevante en este terreno también ya que iba a ser reclutada para esta guerra encubierta contra la contracultura la música y el cine. A mediados de los años 60, los funcionarios de **CHAOS** y la multitud vigilaron con cautela el surgimiento de la música rock política.

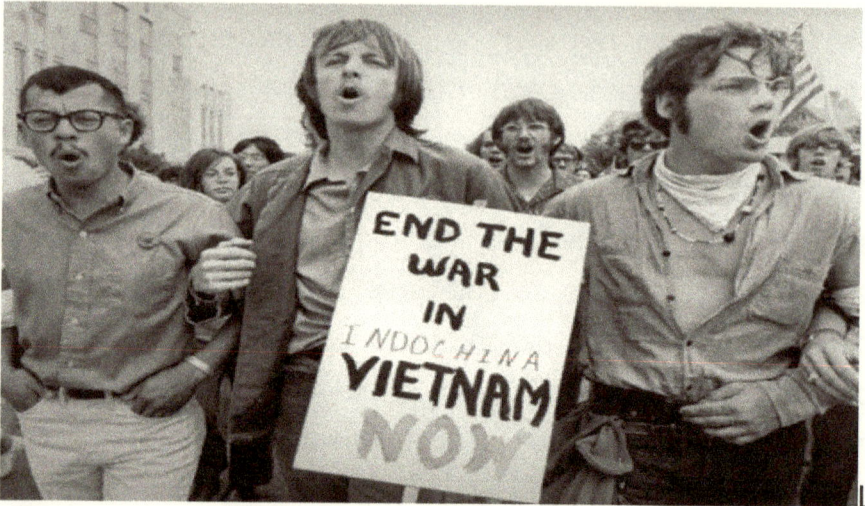

a CIA los vio como comunistas de pelo largo gritaban por la revolución y el fin de la guerra de Vietnam. La mafia quería un control financiero más restrictivo sobre la industria discográfica. **Top 40**, el formato de transmisión reinante en América debe su propia existencia a la CIA y al combo Mafioso italiano. Las drogas entrarían en la ecuación, además de la juventud y el LSD junto a las políticas de la heroína eran solamente una contribución que la agencia ha hecho a la cultura Americana y europea.

El consejo de seguridad nacional fue modelado después del consejo de seguridad de Hitler, la SS y su jurisdicción era supervisar como la CIA por el dictado de la NSA de 1947.

Los libros se quemaron por miles, las librerías cerraron, las oficinas y los centros sociales se arruinaron, artistas, escritores, músicos y un sin número de hippies fueron arrastrados hasta los juzgados americanos para responder a falsas acusaciones de corrupción, obscenidad, abuso, y cualquier cosa que podía silenciar sus voces de protesta. El **LSD** apareció en las calles, como si tratara de destruir el disentir estudiantil y las protestas. Los fármacos más potentes utilizados en los estudios de modificación de comportamiento subvencionados por el gobierno federal (traducido a control de la mente) también encontraron su camino hacia la sociedad en general.

El **STP** creado por Dow-Chemical Co. en 1964 fue considerado agente incapacitante por la CIA. Las salas de los hospitales de servicios de emergencia se abarrotaban en San Francisco con bohemios y artistas enfermos. El PCP un tranquilizante animal, también se le suministraba a los hippies desde la CIA. La Mafia siciliana abría laboratorios de producción en masa y una red meticulosamente organizada de traficantes para mover drogas por el mercado negro.

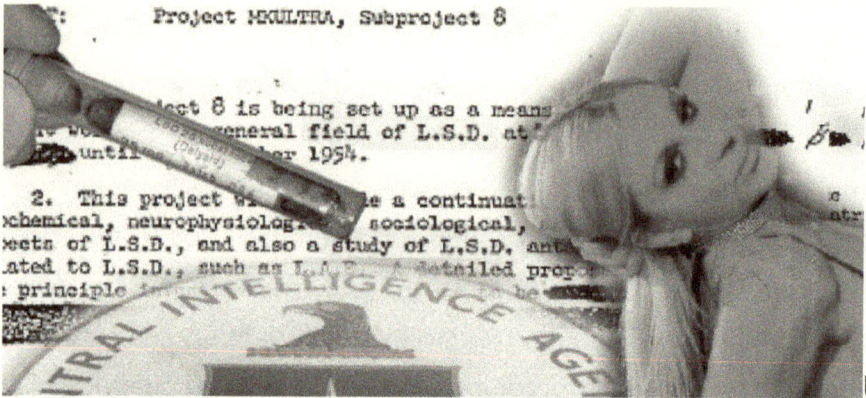

Project MKULTRA, Subproject 8

...ct 8 is being set up as a means
...general field of L.S.D. at...
...until... ...er 1954.

2. This project w... ...e a continuat...
...chemical, neurophysiolog... ...sociological,
...ects of L.S.D., and also a study of L.S.D. ant...
...ated to L.S.D., such as L... ...tailed prop...
: principle...

U

n agente de la CIA que afirma haberse infiltrado en la red encubierta del LSD, proporcionó una pista cuando se refirió a Height-Asbury como una granja humana de cobayas. Unos 12 años antes en la misma ciudad, George Hunter White y sus colegas de la CIA habían establecido una "piso franco" y comenzaron a probar drogas alucinógenas con gente inocente de la localidad.

Ahora de repente había un vecindario lleno de gente joven que estaba lista y dispuesta a engullir productos químicos experimentales. Charles Manson y Timothy Leary por separado y sin conocerse, llegaron a San Francisco y cada uno tenía un gran interés en el control de la mente. Dulles mencionó en su nota que la agencia estaba probando drogas con diferentes grupos de personas. El personal de la CIA se mezcló con los narcotraficantes. Se establecieron estaciones de monitorización, entre ellas Louis J West, el psiquiatra de Jack Ruby (asesino de Lee Harvey Oswald);

West supervisó al doctor español José Delgado, autor de **_Physical Control of the Mind_** y Ross Addey, veterano de la operación **_"Paperclip"_** (Carta blanca para que los nazis entrasen en la CIA y la NASA y en otros departamentos federales), la Dra. Margaret Singer de la CIA creó el **Síndrome de la Memoria Falsa**. Todos participaron en el estudio del LSD como arma políticamente desestabilizadora. Un memorando de la CIA nombraba esta droga como un nuevo agente potencial para la guerra contra el subconsciente. En 1967, CHAOS fue lanzado por la Casa Blanca de la CIA. Timothy Leary, expulsado del ejército por comportamiento errático, dejó de experimentar con el LSD en prisioneros en N.Y. para la CIA, y se puso las ropas sacerdotales del LSD.

Posteriormente admitió tener conocimiento en ese momento que algunas personas poderosas en Washington habían apoyado esta investigación de las drogas exóticas. Leary estaba constantemente rodeado de agentes de la inteligencia americana.

"Vemos crimen y los getos con un montón de gente que no tiene nada que hacer, dedicándose a la bebida y a las drogas. Todos ellos podrían tener trabajo, pero el gobierno no quiere..."
-Bob Dylan, Enero 2015

CUANDO EL ROCK CASI SE MUERE

"La misma gente que manipula las noticias, manipula los libros de texto de historia..."

-Michel Jackson, Junio 2008

Fueron las superestrellas de la música de la contracultura como Jimi Hendrix, Jim Morrison, Janis Joplin, y ocho años más tarde John Lennon asesinados por el gobierno de los EEUU?

La industria musical es una máquina de propaganda. En primer lugar, antes de empezar a juntar las piezas del puzle, necesitamos disolver el mito de que la industria de la música tiene en mente o trabaja para nuestros mejores intereses. A estas alturas, cada vez más personas se dan cuenta de que este mundo está controlado en gran medida por una camarilla secreta que llamamos los Illuminati, un Gobierno en la Sombra si se quiere llamarle así, que quiere crear un Nuevo Orden Mundial y un Gobierno Mundial.

Ya han acaparado una gran parte de la política mundial, los negocios, la educación y los movimientos religiosos.

Este hecho es aceptado por muchos, porque la evidencia es abrumadora, así que ¿por qué esta cábala, que quiere un control total y la capacidad de hacerse cargo de nuestras mentes y procesos de pensamiento, va a dejar de controlar las poderosas industrias cinematográfica y de la música?

La mayoría de las personas que son fans del blues y rock'n'roll seguro que conocen al guitarrista negro Robert Johnson y cómo vendió su alma al diablo en un cruce de caminos a cambio de increíbles habilidades musicales. Si esto es un mito o si es verdad, cada uno puede decidirlo por su cuenta, pero cosas extrañas pasan a menudo detrás entre los bastidores de la industria de la música y desafortunadamente, las estrellas del rock que la mayoría de nosotros hemos adorado no son siempre lo que pensamos que eran. Aunque la historia de Robert Johnson podría ser un mito, él no es el único que afirma haber vendido su alma al diablo por fama y fortuna. Hay bastantes que admiten lo mismo, y **Bob Dylan** es uno de ellos.

P

onte en la piel de estas personas y entenderás de lo que hablo. Si fueramos ellos, la industria de la música y la del cine serían dos de las primeras cosas que querríamos controlar. ¿Por qué? Porque aquí tienes una oportunidad de oro para influir en las masas y guiarlas en cualquier dirección que quieras. Todo lo que necesitas hacer es crear superhéroes (dioses) que la gente puede admirar y seguir. Aunque Bob Dylan canta en "Subterranean Homesick Blues" en 1965,

"No sigas a los líderes, fíjate en los parquímetros mejor"

Él debe conocer de primera mano bastante bien que aunque son verdad, éstas son apenas palabras vacías. Al escribir esas líneas, su audiencia estaría aún más apegada a él y que realmente crearía más seguidores.

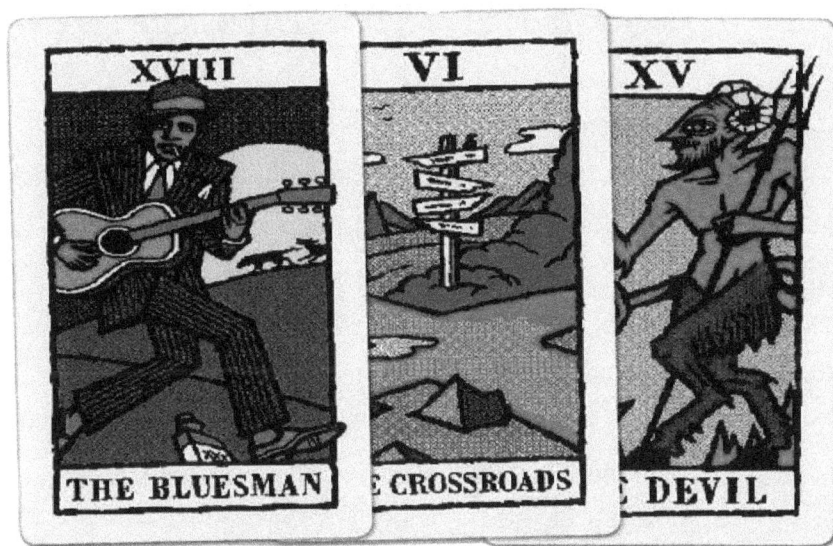

A

sí que es una contradicción, y algunos lo llaman "*psicología inversa*".Vemos un fenómeno similar cuando Black Sabbath está en un concierto y nos acojona cómo debemos temer al Diablo y llamar a Dios para que nos ayude. ¿Cómo es posible que no creen una comunión con la ética y moral por ejemplo cristiana o de altos estandards morales, sino que tienen el efecto contrario? Es porque en realidad están guiando a la audiencia hacia la violencia y la oscuridad al afinar las guitarras para disminuir las vibraciones, aumentando el volumen al máximo y repitiendo riffs (repeticiones de guitarra) hipnóticos una y otra vez.

La Conexión Militar e Inteligencia

Lo que permanece en la mente de la gente no es que debemos dirigirnos a Dios, o aprender de moralidad, sino que Black Sabbath canta sobre el demonio y posesión de demonios y es genial. La gente comienza a interesarse por el misticismo y el ocultismo del tipo más oscuro. ¡Esto se llama control mental, amigos! Pero no es sólo la audiencia la que se le controla la mente, también lo son muchos de los artistas, lo que me lleva al verdadero propósito de este libro, para exponer quién está tirando de las cuerdas de los artistas y, en última instancia, ¡de nosotros!

Está en el dominio público ahora, debido a la "Ley de Libertad de Información", que el control MK ULTRA de la mente es el verdadero negocio y que los psiquiatras que trabajan para la CIA utilizaron sofisticadas técnicas de control de la mente en las personas que no tenían ningún deseo de participar. Esto destruyó la vida de las víctimas y muchos de ellos murieron como resultado de los experimentos. El gobierno creó Candidatos Manchurianos para sacrificarlos en la Guerra Fría, pero también como asesinos políticos en general. Sin embargo, se nos dice que estos experimentos se detuvieron algún tiempo en la década de los 70 y son ahora apenas otro capítulo oscuro en la historia americana.

Sin embargo, las víctimas y los investigadores nos dicen cosas diferentes. Estos experimentos han continuado hasta el día de hoy, pero bajo otros nombres código y ahora son aún más sofisticados. Los científicos Illuminati están muy bien informados sobre cómo funciona la mente humana y entienden cómo manipularla.

Estas técnicas de control de la mente son lo que se ha utilizado en la industria de la música y todavía se utilizan hoy en Grunge, Gangsta Rap, Hip Hop o cualquier género nuevo. Las mismas viejas técnicas con nuevas etiquetas...

David McGowan, un brillante investigador, está en el proceso de publicar una serie muy detallada y extensa de artículos llamados *"Dentro del LC: Lo extraño pero cierto de la vida de Laurel Canyon y el nacimiento de la generación Hippie"* Es un increíble opus de investigación, donde efectivamente se está señalando el hecho de que la mayoría de las veces, los mejores artistas dentro de las industrias de la música y el cine, sus directores y productores tienen conexiones con la inteligencia militar. Muchos también están involucrados en el crimen organizado, tráfico de drogas, asesinato, prostitución, pornografía infantil, tabaco y magia negra.

Aquí hay algunos ejemplos de músicos de la era hippie, que tienen lazos familiares con personas dentro de los Estados Unidos: **Jim Morrison** de "The Doors": Su padre fue el almirante George Stephen Morrison de la Armada americana. Jim fue más o menos EDUCADO en bases militares y abusado por su padre. "Pápa" **John Phillips** de "Las Mámas & the Pápas": Hijo de un oficial jubilado del Cuerpo de Marines (Capitán Claude Andrew Phillips) "John asistió a una serie de escuelas de preparación militar de élite en el área de Washington DC, culminando con una cita a la prestigiosa Academia Naval de los Estados Unidos en Annapolis... John se casó con Susie Adams, descendiente directa del 'Padre Fundador' John Adams. El padre de Susie, James Adams, Jr. había participado en lo que Susie describió como "*cosas de capa y daga con la Fuerza Aérea en Viena*", o lo que nos gusta llamar operaciones secretas de inteligencia.

La propia Susie se encontró más tarde en el Pentágono, junto con la hermana mayor de John Phillips, Rosie, quien se había comprometido a trabajar en el complejo durante casi treinta años. La madre de John, 'Dene' Phillips, también trabajó durante la mayor parte de su vida por el gobierno federal en alguna capacidad no especificada. Stephen Stills de "Buffalo Springfield" y "Crosby, Stills, Nash (& Young): Nacido en una familia militar. Stills fue educado principalmente en escuelas en bases militares y en academias militares de élite.

David Crosby de "The Byrds" y "Crosby, Stills, Nash (& Young)": "... el hijo de un graduado de Annapolis y el oficial de inteligencia militar de la Segunda Guerra Mundial, el mayor Floyd Delafield Crosby. Como otros en esta historia, Floyd Crosby pasó gran parte de su tiempo de post-servicio viajando por el mundo. Esos viajes lo desembarcaron en lugares como Haití, donde hizo una visita en 1927, cuando el país estaba justo, casualmente, por supuesto, bajo la ocupación militar de los Marines de los Estados Unidos.

La muerte de Cass Elliot (de los Mamas y los Papas)
y otros jóvenes curiosos

Uno de los Marines que ocupaba era un tipo que conocimos antes con el nombre de Capitán Claude Andrew Phillips. *"El mismísimo Jim Morrison había asistido más tarde a la misma escuela secundaria de Alexandria, Virginia como otras futuras luminarias de Laurel Canyon, John Phillips y Cass Elliott. "*

Según Mae Brussell, investigadora, en 1968 las órdenes salieron para proceder a neutralizar segmentos de la sociedad. Incluyendo a esos jóvenes con curiosidades e inquietos. En 1969 el SSS (Sección de Servicios Especiales del FBI), combinado con el departamento de Justicia y con la operación de la CIA Caos. Así ocurrieron los asesinatos de los Manson, etc. Manson se unió a la iglesia **Process**, una iglesia satanista, que también adoraba a Lucifer y a Jehová. Fue y es famosa en Hollywood aún ahora. (Manson fue claramente un engaño dirigido por entidades expertas en control mental. Un informe del FBI sobre Cass Elliot decía que quería ser político y asistió a un recaudador de fondos en Hollywood, por la Paz y la Justicia.

Asesinato de Brian Jones de los Rolling Stones

Cass tenía ambiciones políticas y quería ser senador, tal vez, en 20 años o así. Un periódico independiente llamado The Realist sugirió que Cass fue el blanco de un juego político sucio. El editor Paul Krassner dijo: *"Creo que podría haber sido asesinado, sabía mucho acerca de los increíbles vínculos criminales entre Hollywood y Washington y Las Vegas."*

La fusión de música y política hizo de los Stones un enemigo del estado. Jagger dijo: "Esto es una protesta contra el sistema, la guerra proviene de políticos y patriotas locos por el poder, debemos acabar con todos estos hombres sin mente de los asientos del poder, y reemplazarlos con la verdadera gente, gente de compasión". Los Stones fueron acosados y se volvieron paranóicos. Un extraño equipo de construcción vino a restaurar la casa de Brian Jones, la antigua casa de AA Milne, autor de libros de Winnie de Pooh. Se inmiscuyeron en su vida privada y tuvieron un extraño control sobre Brian. Un trabajador, Thorogood, hizo una confesión en el lecho de muerte, y confesaba que él había ahogado sin querer a Wilson Los signos de encubrimiento por parte de las autoridades son inconfundibles. Estaba drogado en ese momento. Su muerte no fue causada por una vida de abuso de drogas o alcohol como se afirmaba, fue asesinado.

Cinco meses más tarde, un festival de música se celebraba cerca de San Francisco, y se convirtió en violento. La banda estaría para siempre contaminada por la violencia surrealista. El Editor de Rolling Stone, Jan Wenner, puso en contacto a la banda de Rolling Stones con Melvin Belli, abogado de la base conservadora de California, cuyo elogio en su funeral fue "*un hombre de ley contra el CAOS de la vida, un hombre de CAOS Contra la ley de la vida.*" Él era uno de los topos de la CIA en la sala del juzgado. Belli eligió el concierto de Altamount para los Stones.

Ralph Sonny Barger de los Ángeles del Infierno fue contratado para mantener la paz, (a un informador le dieron una paliza, que fue contratado por los federales para matar al activista laboral Cesar Chávez, pero fue arrestado en lugar por una antigua denuncia.) Hells Angels están representados en 18 países ahora, la mayor exportación de la familia del crimen. ¿Quién en 1969 sospechaba que los Hells Angels eran un escuadrón de la muerte al servicio de las agencias políticas?

El Cáncer infectó al movimiento contracultura

En el concierto de los Stones, los Hells Angels golpearon a jóvenes al emocionarse al ver salir Jagger y Leary, una niña de 18 años fue apuñalada por supuestamente tener un arma, por los Hells Angels. El resultado 3 muertos y muchos heridos.

Jimi Hendrix no murió de una sobredosis de drogas, él no era un demonio de la droga que estaba fuera de control. No era un drogadicto. ¡El FBI COUNTELPRO estaba al loro para prevenir una amenaza comunista, en contra de los Estados Unidos! (O para controlar el movimiento de revolución afroamericano). Fue para eliminar su oposición y arruinar a los representantes de las personas involucradas en el movimiento contra la guerra, el Movimiento por los Derechos Civiles y la revolución del rock.

El manager de Hendrix, Mike Jeffery, por su propia admisión era un agente de inteligencia. Con frecuencia se jactaba de tener poderosas conexiones con el mundo terrenal. Había muchos "*actos*" dirigidos por la mafia. La conexión CIA / Mafia había ejercido considerable influencia en la industria de la música durante décadas. Hendrix quería salir del contrato. Se sentía que estaba bajo vigilancia y se sentía cada vez más inseguro en Nueva York, su antiguo refugio.

The Mail
ON SUNDAY

MAY 31, 2009. The Mail on Sunday   MAY 31, 2009   £1.50   SUNDAY NEWSPAPER OF THE YEAR   19

Hendrix 'was murdered by his manager'

By James Tapper

He told me he stuffed pills in star's mouth, says roadie

WEDDING DAY: Michael Jeffery with his bride Gillian in 1965

ROCK legend Jimi Hendrix was murdered by his manager as part of an insurance scam, a new book by one of former aides claims.

Hendrix choked to death on his own vomit when he was 27 – but the exact circumstances of his death have always been a mystery.

Now James 'Tappy' Wright, one of the rock star's roadies, claims that Hendrix's manager, Michael Jeffery, confessed to killing him. Jeffery is said to have made a drunken confession a year after the star's death in September 1970.

An ambulance crew found Hendrix's body in the Samarkand Hotel in West London, in the room of Monika Dannemann, a girl he had known for just a few days.

Wright claims Jeffery was worried that Hendrix was preparing to find a new manager when their deal was due to end in December 1970. According to Wright, Jeffery said he went to the hotel room and stuffed Hendrix full of pills and wine.

The book, called Rock Roadie, out next month, recalls Wright's life with various rock stars during the Sixties, including Tina Turner and Elvis Presley.

In it, Wright claims Jeffery, who was married to actress Gillian French, made the confession at his apartment in 1971, two years before he died in a plane crash.

He writes: 'I can still hear that conversation, see the man I'd known for so much of my life, his face pale, hand clutching at his glass in sudden rage.'

He says Jeffery told him: 'I had to do it, Tappy. You understand, don't you? I had to do it. You know damn well what I'm talking about.' He quotes Jeffery as saying: 'I was in London the night of Jimi's death and together with some old friends ... we went round to Monika's hotel room, got a handful of pills and stuffed them into his mouth ... then poured a few bottles of red wine deep into his windpipe.

'I had to do it. Jimi was worth much more to me dead than alive. That son of a bitch was going to leave me. If I lost him, I'd lose everything.'

Wright claims that Jeffery told him he had taken out a life insurance policy on Hendrix worth $2 million (£1.2 million) with Jeffery as beneficiary.

The official cause of death was 'barbiturate intoxication and inhalation of vomit', and the coroner recorded an open verdict. This was vital for Jeffery. Had the cause of death been suicide it would have given the insurers an escape clause. The ambulancemen who found the body said he was discovered alone in the hotel room, lying in his clothes on his back, with a gas fire burning and the door wide open. There is no record of who called 999.

John Bannister, the surgeon who tried to revive Hendrix at hospital, said he was convinced he had drowned in red wine. Yet Hendrix had very little alcohol in his bloodstream.

In 1992 he wrote: 'I recall vividly the very large amounts of red wine that oozed from his stomach and his lungs, and in my opinion there was no question that Jimi Hendrix had drowned, if not at home then on the way to the hospital.

'At the time I felt that he had either been on sedative tablets, to sleep or otherwise, and that he had imbibed copious amounts of red wine prior to going to sleep. I would suspect that he regurgitated the red wine and drowned.'

TRAGIC GENIUS: Jimi Hendrix on stage in his heyday

Su manager, por lo tanto, podría haber creado una detención en Toronto, para silenciar a Jimi. Prefería que estuviera aislado. Siempre había sido una persona confiada, ingenua y muy abierta, y ahora no sabía en quién confiar. Hendrix donó más de 50 mil dólares para los Black Panthers a través de un gran concierto. Los amigos de Hendrix dijeron que Jeffrey obtendría más dinero de un Hendrix muerto que de uno vivo. También había una póliza de seguros de millones de dólares en nombre de Jeffrey. ¿Fue asesinado Hendrix? La causa oficial de la muerte fue la asfixia causada por el vómito.

El informe del patólogo dejó abierta la causa de la muerte. Mónica Danneman (investigadora), había insistido durante mucho tiempo en que Hendrix fue asesinado. En el momento de su propia muerte, había atraído la atención de los medios de comunicación sobre el caso en una carta y una batalla judicial muy divulgada. El cuerpo de Mónica fue encontrado en un coche lleno de humo de CO_2 cerca de su casa, en el sur de Inglaterra. Lo acuñaron suicidio. Mónica tuvo muchas amenazas de muerte, y la gente que la conocía dijo "*ella no creía en el concepto de suicidio.*"

Muerte de Jim Morrison, vocalista de The Doors

Dos años después de la muerte de Brian Jones, el cuerpo de Jim Morrison fue encontrado en una bañera en su apartamento de París. La muerte se atribuyó a causas naturales, posiblemente insuficiencia cardíaca. Los estallidos políticos de Morrison atrajeron al FBI. Había dicho: "*Me gusta la idea de romper o tirar del orden establecido*". En otra entrevista, Manzerek (de los Doors) consideró posibles motivos para la eliminación del Rey Lagarto Anarquista "*ellos iban a detener todo el rock & roll parando los pies a The Doors. Fue considerado el más peligroso porque estaba diciendo. Es nuestro mundo y lo queremos ahora.*"

El acoso del FBI hizo que Morrison estuviera tan ansioso que tuvo una úlcera a los veinte años. La paranoia le golpeó profundamente y se pensó que él era un hombre marcado. Bob Seymore escribió un libro sobre Jim llamado **The End** y admitió que *"se podría decir que la CIA y las otras agencias de inteligencia podrían haber tenido una mano en las muertes de Hendrix, Joplin y Morrison, etc., simplemente porque eran los líderes de la generación De los años 60."*

Uno de los primeros en aparecer en la escena de Laurel Canyon/Sunset Strip (calle de las tentaciones) es Jim Morrison, el enigmático cantante líder de The Doors. Jim se convertirá rápidamente en una de las figuras más icónicas, polémicas, aclamadas por la crítica, e influyentes en establecer su residencia en la *"calle de las tentaciones"*.

Curiosamente, sin embargo, el autoproclamado "Rey Lagarto" tiene otra fama, aunque ninguno de sus numerosos cronistas la verán de mucha importancia para su carrera y posible muerte prematura: él es el hijo del citado Almirante George Stephen Morrison. Así es que, incluso mientras el padre está conspirando activamente para fabricar una falsa bandera-**"Golfo de Tonkin Incident"**-que se utilizará para acelerar masivamente una guerra ilegal, el hijo se está posicionando para convertirse en un icono de la multitud hippie anti-guerra. No hay nada raro en eso, supongo. Es, ya sabes, un pequeño mundo y todo eso.

Un libro "*El Banco de América en Luisiana*" apareció en 1975, después de su muerte, supuestamente escrito por Morrison. Algunos dicen que sobrevivió en París y vivió una vida libre de la celebridad y del FBI. Un James Douglas Morrison, afirmó estar operando como un agente de inteligencia para una serie de grupos, incluyendo la CIA y la Interpol, y también tenía conexiones con varios grupos ocultos. Este JM2 (Morrison clon) también pretendía decir ser la estrella muerta del rock. Hay montones de documentos de aspecto oficial, y cartas entre las agencias, CNN, NBC, y JM2. Esta afirmación fue hecha por el investigador Thomas Lyttle que afirma haber visto lo que parece documentos auténticos. Parece haber cientos, si no miles de archivos varios bajo este nombre.

No se realizó ninguna autopsia después de su muerte, una probable violación de la ley francesa-igual que le sucedió a Diana de Gales. Pamela Courson, que estaba con él en ese momento, murió después de una sobredosis que algunos dijeron que era un "Hot Shot" (chute chungo) o un opiáceo envenenado. Vamos a hablar, en lugar de otro individuo, acerca de tres vocalistas de Laurel Canyon que se elevarán a las alturas vertiginosas de la fama y la fortuna: **Gerry Beckley, Dan Peek y Dewey Bunnell**. Individualmente, estos tres nombres son probablemente desconocidos para casi todos los lectores; pero en su conjunto, ya que fueron **la banda América**, los tres marcarán grandes éxitos en los años 70 con canciones como "*Ventura Highway*", "*Un caballo sin nombre*", y temática del mago de Oz con "*Tin Man*". No necesito enfatizar lo suficiente que los tres muchachos eran productos de la comunidad militar / inteligencia.

El padre de Beckley era el comandante de la extinta base de West Ruislip USAF cerca de Londres, Inglaterra, una instalación profundamente inmersa en operaciones de inteligencia. Los padres de Bunnell y Peek eran ambos oficiales de carrera de la Fuerza Aérea que sirvieron bajo el mando del papá de Beckley en West Ruislip, que es donde se encontraron por primera vez los tres chicos.

Podríamos también, supongo, discutir sobre **Mike Nesmith** de **The Monkees** y de **Cory Wells** de la **Three Dog Night** (dos grupos más, de enorme éxito procedentes de Laurel Canyon), que ambos llegaron no mucho después de la hora de servir con la Fuerza Aérea de Estados Unidos. Nesmith también heredó una fortuna familiar estimada en 25 millones de dólares.

Gram Parsons, que sustituiría brevemente a David Crosby en The Byrds antes de estar al frente de la Flying Burrito Brothers, era el hijo de Cecil Mayor Ingram "*CoonDog*" Connor II, un oficial militar condecorado y piloto del bombardero que al parecer voló más de 50 misiones de combate. Parsons fue también un heredero, por parte de su madre, de la formidable fortuna de la familia Snively. Se dice que es la familia más rica en el exclusivo enclave de Winter Haven, Florida.

La familia Snively eran los propietarios orgullosos de Snively Groves Inc., que al parecer poseía tanto como 1/3 de todas las plantaciones de cítricos en el estado de Florida. Y así, sucesivamente, mientras uno se desplaza por la lista de superestrellas de Laurel Canyon lo que uno encuentra, mucho más a menudo que no, son los hijos e hijas del complejo militar / inteligencia y los hijos e hijas de la extrema riqueza y del privilegio, y muchas veces, encontrarás ambos en este tipo de círculos. De vez en cuando también se tropieza con un ex actor infantil, como el ya mencionado Brandon De Wilde, o Monkee Mickey Dolenz, o la excéntrica Prodigy de Van Dyke Parks.

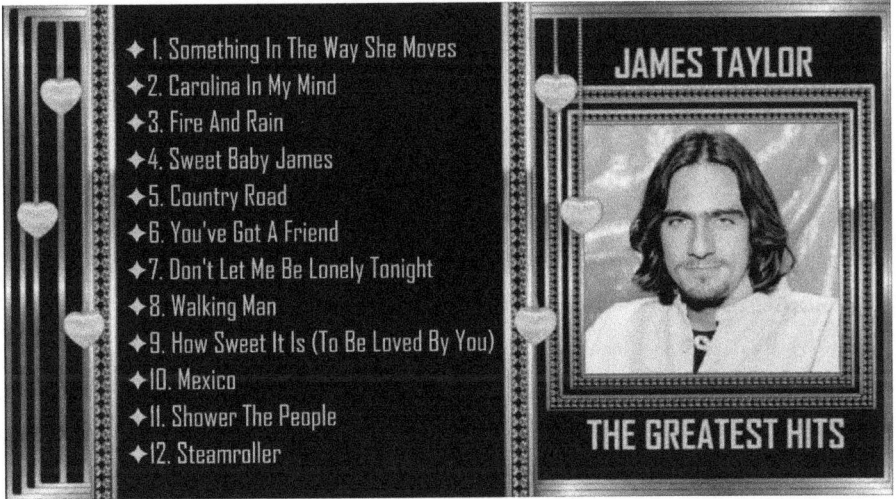

JAMES TAYLOR

♦ 1. Something In The Way She Moves
♦ 2. Carolina In My Mind
♦ 3. Fire And Rain
♦ 4. Sweet Baby James
♦ 5. Country Road
♦ 6. You've Got A Friend
♦ 7. Don't Let Me Be Lonely Tonight
♦ 8. Walking Man
♦ 9. How Sweet It Is (To Be Loved By You)
♦ 10. Mexico
♦ 11. Shower The People
♦ 12. Steamroller

THE GREATEST HITS

También puedes encontrarte con algunos ex pacientes mentales, como James Taylor, que pasó tiempo en dos instituciones mentales diferentes en Massachusetts antes de llegar a la escena de *"la calle de las tentaciones"*, o Larry *"la bestia"* Fischer, que se institucionalizó en varias ocasiones durante sus años de adolescencia, una vez para atacar a su madre con un cuchillo (un acto del que se mofó alegremente Zappa en la portada del primer disco de Fischer).

Por último, es posible encontrar la descendencia de una figura de la delincuencia organizada, como Warren Zevon, el hijo de William *"Pisotón"* Zevon, un teniente de infame mafioso de Los Ángeles, Mickey Cohen.

la supervivencia de Joan Baez y Phil Ochs

Joan Baez sobrevivió a todo este estado de caos, comprendió plenamente que el asesinato político podría ser su recompensa por castigar abiertamente a los maestros militar-industriales de la guerra. Su amigo íntimo Martin Luther King Jr., el más respetado líder de los derechos civiles del mundo le dijo a ella y a un grupo de activistas antes de pronunciar su famoso discurso, cómo la policía lo había "*dejado en la trena y le llamaron negrata y no podía ver con la paliza que le dieron.*" Le tiraban comida en la celda, pero él no la comía por miedo a que estuviese envenenada, y por hambre y temor se puso de rodillas y empezó a rezar a Dios y cuando se levantó dijo que ya no le importaba lo que le sucediera.

El séquito del grupo musical The Kings ocultó su dolor cuando supieron lo que quería decir. *"Sabíamos que iba a morir, y él estaba listo para morir, y estaba listo para comprometerse con Vietnam, etc."* Él dijo: "*He estado en la cumbre de la montaña y he visto la Tierra Prometida y no me importa nada más.*" Joan Baez escribió unas memorias, **_A Voice To Sing With,_** (1987) sobre su niñez y su padre como un brillante científico joven de Stanford "*Albert Baez reconoció el peligro del átomo y su reacción en cadena podría incinerar la atmósfera terrestre, incluso en los primeros días de experimentación.*"

Aceptó un trabajo en Cornell University de Ithaca, Nueva York (Cornell es la base de los experimentos de control mental de la CIA y Joan es una superviviente del abuso ritual y la experimentación de **MK Ultra**.

De acuerdo a las cartas que ella había escrito a los investigadores y a otros supervivientes), una tapadera común para el abuso y trauma-programación de control mental. Baez tiene una canción sobre esto:

"I am paying for protection, Smoking out the truth...chasing recollections...nailing down the roof"

"Estoy pagando por mi protección, Fumando la verdad... persiguiendo recuerdos... clavando el techo"

Baez no se hacía ilusiones sobre la bondad de la CIA, y promovió **State of Siege**, película que vio como se exponía el elemento corrupto de la **AID** (Agencia para el Desarrollo Internacional, en el extranjero), que financió la enseñanza de técnicas tácticas de tortura en América Latina. *"Solicitamos firmas contra el uso de la tortura."* Dice Baez. La tortura se hizo más frecuente de lo que había sido desde la Edad Media, por lo que el peligro era su uso común como política de gobierno. Las manos del gobierno estadounidense estaban lejos de estar limpias. Joan hizo años de terapia intensiva para confrontar sus demonios internos, temores, insomnio, ataques de pánico, fobias, ansiedades, etc.

(Arriba Joan y Martin Luther, activistas y amigos)

"Los terapeutas me mantenían sana mentalmente en lo posible, para llevarme a tocar el siguiente concierto," dijo en una entrevista. El padre de Joan fue invitado a convertirse en el jefe de Operaciones en Cornell, que lo pondría en contacto con la Fundación de Ecología Humana de la CIA (Re: Estudios de Control de la Mente Académica) detrás de las vallas de los campus de la Ivy League en todo el país. Joan dijo que estaba clasificado. Ella no fue enterrada por Chaos, pero vivió bajo su ojo intolerante y pudo silenciarla. Un ejemplo es una traducción errónea en japonés de sus comentarios sobre Vietnam y Nagasaki. La intérprete fue amenazada y obedeció. Un año más tarde la venta de sus discos fue prohibida de todos los PXs del Ejército y cuando denunció el borrador en la Smother's Brothers Hour, fue censurada por la CBS, sus comentarios borrados, y CBS canceló el show poco después.

El mismo año, su entonces novio David Harris fue condenado a tres años por evasión. Los activistas de los derechos civiles estaban falsamente vinculados a las organizaciones comunistas. Una táctica de difamación común usada por el gobierno en la sombra. En 1961 Joan Baez conoció a Bob Dylan. Cuyas canciones tenían un fuerte tono político. Bob casi murió en 1966 después de un accidente de motocicleta. El cuñado de Joan, Richard Farina, murió unos meses después en un accidente de motocicleta. Era sospechoso y sucedió en el cumpleaños de su esposa Mimi Farina. Él estaba volviendo de una fiesta de promoción para su libro "_Been Down So Long Looks Like Up_". Antes de su muerte había estado produciendo un álbum para ser interpretado por Joan, pero lo dejaron de lado.

Mimi Farina, es una mujer igualmente talentosa y políticamente activa que cantaba en las cárceles y se entregaba a los pobres por última vez, y creo que el corazón de Joan estaba también con los pobres (Mi Propia Opinión) Después del accidente de Dylan pasó por un cambio político. Dejó caer las letras en sus canciones que puso de los nervios al establishment. Mark Edmundson escribía: _"Él (Dylan) no se metió en las drogas como otros. Su obra combina arte y política y la más dura verdad sobre el mundo. Es un escéptico visionario, ama la promesa de América y, sin embargo, está disgustado por gran parte de su realidad."_

(Foto arriba de los 60 Dylan y Baez supercolegas, sus canciones de prosa y poética pacifista y activista marcaron a dos generaciones de americanos y europeos y ayudaron a mitigar las penas de las guerras de su época)

"Sus canciones hablan del asesinato de bastones de la sirvienta negra Hattie Carroll, la muerte del boxeador Davie Moore, las cadenas ininterrumpidas de la injusticia.
La preocupación más recurrente es que en un tiempo de progreso técnico irreversible, la civilización moral ha vacilado patéticamente, sin importar cuánta atención internacional se centre en los asuntos macro-cósmicos, la difícil situación del individuo debe ser considerada."

Cinco años después del accidente de Dylan escribía *George Jackson*: *"una balada ferozmente dirigida al líder de las Panteras Negras, George Jackson, que fue asesinado conscientemente por un funcionario de prisiones."*

Por otra parte, estaba el gran cantante de folk y supuesta competencia de Dylan, Philip David "*Phil*" Ochs que era un cantante estadounidense de música folk-rock, emblema de la década de 1970, famoso por su estilo irónico y su voz rasgada, similar a la de Bob Dylan. El siguiente párrafo y cita resume lo que le pudo pasar a Phil.

"*Los agentes de los Estados Unidos eran capaces de destruir la reputación de cualquier persona al inducir la histeria o las respuestas emocionales excesivas, la locura temporal o permanente, sugerir o alentar el suicidio, borrar la memoria, inventar personalidades dobles o triples dentro de la mente.*" Cita del ya fallecido Mae Brussells Investigador de la *Operación Caos*, etc.

Ochs era un amigo cercano de Bob Dylan, y pensaba que Bob era el mejor poeta de todos los tiempos. Ochs, Bob y Farina se establecieron en el camino de los trovadores del Folk de América a principios de los años 60. Junto con otros, arrastraron la música folclórica lejos de los campos de migración y de las salas de la unión en confrontación directa con el complejo militar-industrial del general Eisenhower. Ochs denunció la política estadounidense en la canción, los "***Policías del mundo.***"

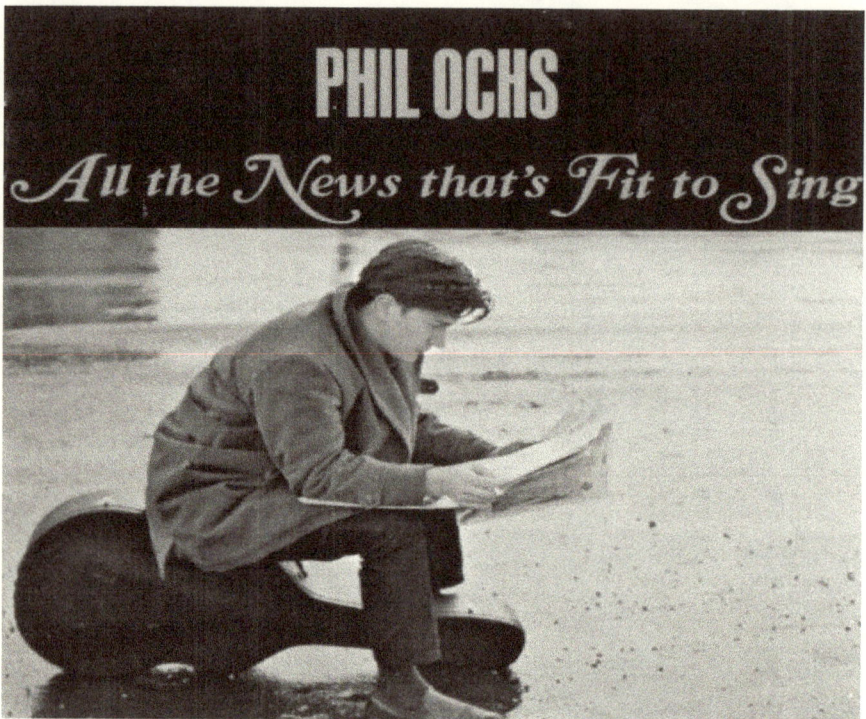

"*Y cuando hemos matado a tus hijos varones, toma un chicle, somos dueños de la mitad del mundo...*" ¿QUÉ PUEDES VER? Y EL NOMBRE DE NUESTROS BENEFICIOS ES LA DEMOCRACIA....

Él era un disidente y aquí su canción lo refleja:

"*El cómico y la reina de la belleza están bailando en el escenario. Los reclutas crudos se alinean como ataúdes en una jaula*". "*Oh, estamos peleando en una guerra que perdimos antes de que comenzara esta guerra*"

No mucho antes de morir, una noche después de tomar demasiado alcohol, que la CIA ya lo tenía enfilado. El señor William Colby, director del **Proyecto** asesino **Phoenix** en Vietnam. Demandó que se le pusiera a Ochs un hit man (asesino) por su vida por 100.000 dólares. "*Le dije a Colby que tiene medio año para vivir o salir de Vietnam o que está muerto, que me pueden matar, pero está muerto*", dijo (también estaba seguro de que Gloria Steinem, editora de la revista Ms. y famosa feminista es un agente de la CIA) Ochs fue fundador del partido Yippee, cantó con los manifestantes, y apareció como un testigo de la pista de los Siete de Chicago.

Sus letras fueron consideradas tan inflamatorias que estaba prohibido en los airplay de la radio. El FBI no se abstuvo de formar un enorme archivo sobre él, y la sensación de que él nunca estaba sólo lo desconcertó. Él escribió "*tomar todo lo que tengo, tomar el grifo de mi teléfono, y dejar mi vida en paz, ¡mi vida sólo!*", Fue catalogado como un comunista y una amenaza a la seguridad nacional. Sus amigos dijeron que Ochs estaba convencido de que sería asesinado. Fue obligado a beber después de que su música no podría ser tocada en la radio pública y junto a la vigilancia continua y los hostigamientos y sus nervios terminaron con su vida. Había vivido en un estado perpetuo de paranoia. Perdió hasta sus cuerdas vocales en un incidente con matones.

Ochs tenía dos personalidades John Train y Phil Ochs según un investigador, Jim Keith. Este cometió suicidio el 9 de abril de 1976, al colgarse con una cuerda. Este fue el mismo año del libro "*El Control de Candy Jones*" de Donald Bain, (Un estudio de la CIA de control de la mente de experimentación, Candy también fue un MPD, personalidades múltiples creadas, que llevó a cabo misiones encubiertas, una marioneta con una personalidad interior nazi. Trabajó sin su conocimiento como operario de la CIA durante 12 años. Su comando final post-hipnótico fue el suicidio, que fue intervenido por su marido, John Nebel (John Nebel) (el libro está agotado) Es muy probable que "*John Train*" fue programado para matar a Philip Ochs la personalidad del anfitrión. Otro músico con memoria reprimida de trauma de la infancia fue **Peter Townsend** ("guitarrista de **The Who**" foto arriba). En 1999 se le ocurrió que ciertas frases de la ópera de rock "TOMMY" no eran ficción sino su vida. Se supone que llenó los espacios en blanco de su amnesia de la niñez.

FRANK ZAPPA
CANTA SOBRE LOS ILLUMINATI

"La política y la música es parte de la división de entretenimiento del complejo industrial militar."

-Frank Zappa, 1987 Los Angeles Kcal

Interview with Frank Zappa
April 17 1988
3 of 5,
TV Evangelism

"El SIDA es probablemente un virus que se filtró de un laboratorio como en los que trabajaba mi padre para matar a lo que ellos llaman las razas menos deseadas."
-Frank Zappa, 1990 TV Interview

La autobiografía de Zappa incluye los consabidos capítulos sobre la infancia y la familia (el padre se lleva un capítulo aparte); tampoco faltan los que refieren a los comienzos y las influencias musicales (Edgar Varèse entre ellas). Sin embargo, el músico aclara que, para él, lo más atractivo al escribir este libro era la posibilidad de asentar sus opiniones sobre algunos *"asuntos tangenciales"*. Por eso también les dedica capítulos a la necesaria separación entre Iglesia y Estado, así como al conservadurismo, el ejército o la política impositiva de los Estados Unidos, entre otros temas.

En la música de Zappa conviven diferentes géneros, desde el blues/rock más básico a la música orquestal más sofisticada, hilados por los ingredientes de una distintiva personalidad musical: polirritmia, polifonía y disonancias avant-garde; una guitarra eléctrica única, que siempre improvisa sus solos; melodías "*teatrales*," con citas sonoras y efectos que refuerzan sentidos o resignifican letras (si las hay); y un humor que va desde la mega-estupidez total, a la sátira mordaz, la ironía y el comentario social y político crítico e inteligente. Frank Zappa: Hijo de Francis Zappa, un matemático y un químico, que trabajaba en un laboratorio para la industria de defensa de los Estados Unidos.

El propio Frank, aunque uno de los que estaba en la línea de fuego de la creación del Movimiento Hippie, nunca reveló en secreto que no tenía más que desprecio por esta cultura. Era también partidario de la guerra de Vietnam. Frank estaba casado con Adelaide Gail Sloatman, quien proviene de una "estirpe de oficiales navales de carrera, incluyendo a su padre, que pasó su vida trabajando en la investigación de armas nucleares clasificadas T*op Secret* para la Marina de los Estados Unidos. Gail había trabajado una vez como secretaria de la Oficina de Investigación y Desarrollo Naval (también le dijo a una entrevistadora que había "*escuchado voces toda su vida*").

Muchos años antes de su llegada casi simultánea a Laurel Canyon, Gail había asistido a un jardín de infantes navales con *"Mr. 'Mojo Risin' "*, Jim Morrison - The Doors (se rumorea que de niños, Gail una vez golpeó a Jim en la cabeza con un martillo).

Frank Zappa fue uno de los pocos que expuso a los tan llamados illuminati, los cuales el llamaba la *"mano misteriosa u oculta."* De hecho, el escuchar discos de Frank Zappa era una especie de pasaporte a un escalón superior en la erudición rockera. Zappa era el rarito o friki, el iniciador que consiguió no ser devorado jamás por la industria ni, por tanto, ser comercial.

Otro de sus fans es un tal Matt Groening, creador de Los Simpson: ¿entiendes quién inspiró el sentido del humor de la famosa serie? Sí, Frank Zappa.

LA VERDADERA HISTORIA DE FRANK ZAPPA

POR FIN EN ESPAÑOL

Ver a Frank Zappa le dejaba a uno boquiabierto. Es decir, sin saber qué decir. Sólo hoy, unos cuantos, sobre todo músicos pueden llegar a entender su música. Sus canciones eran como collages de diferentes estilos, que podían empezar como rock, pasar a surf, heavy y más tarde a rock sinfónico o hasta música clásica. En realidad, el asunto es que Zappa parodiaba al rock, se reía de él y de sus clichés porque ¡estaba en California en 1965, antes de que estallase la contracultura!

¡De hecho, hay quien dice que sus **"freaks"** fueron el origen de los hippies! O sea, que lo vio venir. Lo vio venir todo. Y por eso se reía. Porque Frank Zappa era uno de los primeros antisistemas y antisionistas. Ahí residió su secreto. Zappa empleaba la ironía porque sabía lo que estaba sucediendo.

> Abandona la escuela antes de que se pudra tu mente por exponerla a nuestro mediocre sistema educativo. ¡Olvídate del título y ve a una biblioteca y edúcate a ti mismo si tienes las pelotas bien puestas! Algunos de ustedes parecen robots plásticos a quienes le dicen que leer.
>
> **Frank Zappa**

"...¿todo el material escrito o realizado por los judíos, con el fin de salvar a los niños indefensos de la exposición a la "doctrina oculta sionista?"

-Frank Zappa

Y si lo dudas, lee la letra de la canción *The Slime*: *Soy un pervertido*, y fíjate cómo se ríe de la programación televisiva. Por no hablar de pasada de la pista *princesa judia*; no apta para mentes sensibles. Sólo con sus canciones entenderás que el verdadero secreto de Frank Zappa estaba en sus letras, su ácida crítica; unido a un virtuosismo musical, que conoceréis en su autobiografía y documentales varios que podeis encontrar en Youtube que, por ejemplo, hallaréis a un consagrado guitarrista como Steve Vai confesar que el más grande que haya visto tocar era su maestro, Frank Zappa.

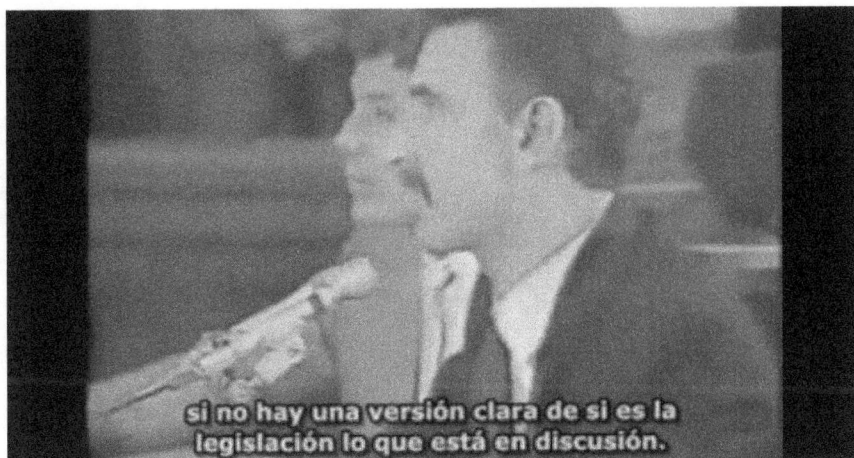

> si no hay una versión clara de si es la legislación lo que está en discusión.

"Si tienes una vida aburrida y mediocre es por haber escuchado a tu mami, a tu papi, a tus profesores, a los curas o a algún tipo en la televisión diciéndote cómo hacer las cosas ¡Así que te lo mereces!"
-Frank Zappa

Frank Zappa se enfrentaba contra un organismo que buscaba censurar y controlar el contenido sexual y "*satánico*" de algunas líricas rockeras para audiencias en el senado sobre el proyecto de ley 2911 que pretendia censurar la música y el arte, lo que luego llevó a las etiquetas **"Parental Advisory"** que siguen usándose hoy en día. Lo que Zappa dijo es que son lobbistas tratando de pasar un impuesto que beneficiaría únicamente a una pequeña parte de la industria solo comercial, hasta el día de hoy. Un día de 1985, Tipper Gore, esposa del entonces joven y prometedor senador por Tennessee Al Gore (el Carnicero), compró a su hija de once años el disco de Prince "*PurpleRain.*"

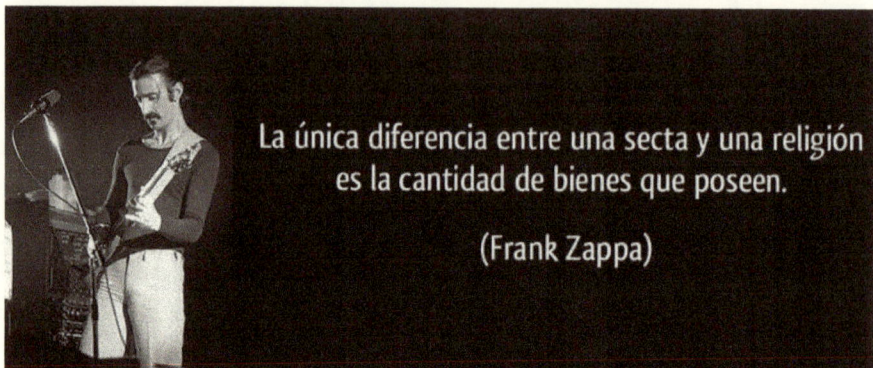

La única diferencia entre una secta y una religión es la cantidad de bienes que poseen.

(Frank Zappa)

"La esencia del cristianismo estaba en le árbol del Edén: el fruto que estaba prohibido era el del conocimiento."
-Frank Zappa

La señora, como buena dama sureña que era, se quedó a cuadros al descubrir que en una de las canciones del disco, «*Darling Nikki*», aparecía una clara referencia a la masturbación. Escandalizada, entonó el clásico « *¿es que nadie va a pensar en los niños?* » y llamó a algunas de sus amigas. Casualmente éstas también eran esposas de hombres poderosos de Washington: Pam Howar, casada con el poderoso constructor Raymond Howar, Susan Baker, devota cristiana y esposa del secretario del Tesoro James Baker, y Sally Nevius, casada con otro famoso empresario de Washington. Las cuatro damas, que Zappa bautizaría más tarde como las Mothers of Prevention, tiraron de la agenda de sus felicitaciones navideñas y montaron, en un abrir y cerrar de ojos, el Parents Music Resource Center (PMRC), que se convertiría en poco tiempo en un poderoso lobby.

«Como muchos padres de mi generación, yo crecí escuchando rock y disfrutándolo [...], pero algo ha cambiado desde los tiempos de "Twist and Shout" y "I love Lucy"», se lamentaba Tipper Gore. De modo que el PMRC se propuso el nada modesto objetivo de acabar con la inmoralidad del rock moderno, que estaba corrompiendo a los jóvenes americanos con letras que invitaban a la promiscuidad, a la violencia y al abuso de las drogas. Ni cortas ni perezosas las cuatro damas codificaron la inmoralidad de la música moderna: «X» para las canciones blasfemas o sexualmente explícitas, «V» para las violentas, «D/A» para las que invitaban al consumo de drogas y alcohol y «O» para aquellas con contenido «oculto».

A partir de ahí elaboraron una primera lista de quince canciones, que pasarían a la historia como las «Filthy Fifteen» (15 asquerosas). La lista estaba encabezada por la antes mencionada «Darling Nikki» de Prince, pero incluía un poco de todo, desde canciones pop como «Sugar Walls» de Sheena Easton a «Eat Me Alive» de Judas Priest. También estaba «Bastard» de Mötley Crue (glorificaba la violencia), «Let Me Put My Love into You» de AC/DC (poner el amor dentro de ti, en este caso está bastante claro) y «We're Not Gonna Take It» de los Twisted Sister («violenta», aunque «política» hubiera sido una definición más adecuada).

Madonna entró en la lista con «*Dress You Up*», a los W.A.S.P. les cayó una X por «Animal (Fuck Like a Beast)», mientras que los Def Leppard solo rascaron un «D/A» por «High'n'Dry», el mismo resultado que Black Sabbath con «Trashed». Los daneses Mercyful Fate y Venom se adjudicaron las dos únicas «O» de la lista. Cerraba la lista Cindy Lauper, con «She-Bop», su oda a la masturbación femenina. El PMRC quería que la industria discográfica adoptara esta política de autorregulación etiquetando los discos, de la misma manera que, desde hacía décadas, la industria cinematográfica especificaba qué películas eran adecuadas para un público infantil y cuáles no. Llegados a este punto la situación bordeaba lo ridículo y Zappa no pudo, ni quiso resistir la tentación de entrar en esa batalla con los dos pies por delante. Evidentemente muchos otros artistas se estaban movilizando para oponerse a las reivindicaciones del PMRC, y existía ya una coalición llamada Musical Majority, organizada por Danny Golberg de la Gold Mountain Records, con este objetivo.

Sin embargo, Zappa, cuyo ego era casi tan voluminoso como su misantropía, consideraba sencillamente aberrante la idea de trabajar en una organización que no controlara plenamente. Así que puso en pie su propia campaña (poniendo 70 mil dólares de su bolsillo) y empezó a dar entrevistas a diestro y siniestro, convirtiéndose en uno de los líderes más destacados de la oposición a las propuestas de las «esposas del Gran Hermano».

De esta manera, cuando la Comisión de Comercio, Tecnología y Transportes del Senado americano convocó una audiencia pública para el 19 de septiembre de 1985 con el objetivo de discutir la propuesta del PMRC, Zappa fue invitado, junto al cantante country John Denver y a Dee Snider de los Twisted Sisters, para que pudiera exponer sus argumentos. La audiencia era poco menos que una puesta en escena a favor del PMRC, que contaba con cinco maridos-senadores en la comisión, entre ellos Al Gore, pero acabó convirtiéndose en un sonoro desastre. Zappa les iba a demoler ante las cámaras de 35 canales de televisión y centenares de periodistas, en la que puede considerarse una de sus más memorables actuaciones. Aún sin acompañamiento musical.

En su elocuente discurso, Zappa no se limitó a defender la Primera Enmienda (esa que garantiza la libertad de expresión, de culto, de prensa y otras irritantes libertades que odian los poderosos), sino que realizó un lúcido análisis de las condiciones materiales bajo las cuales los músicos realizan su trabajo, de la organización de la industria musical y de las relaciones de poder entre esta y las instituciones públicas.

Desde este punto de vista, es significativo que esa audiencia senatorial se realizó ante la comisión de comercio, tecnología y transportes del Senado, y no ante una institución dedicada específicamente a las artes, a la educación o a las libertades constitucionales, sedes que parecerían mucho más adecuadas para albergar una discusión sobre la propuesta del comité liderada por la señora Gore. Para entender el por qué de esta extraña decisión es necesario ampliar el foco y ver qué es lo que estaba sucediendo en ese momento en la industria discográfica. Eran los tiempos del "*Home taping is killing music*," (el prestado y grabado de cintas de cassette TDK "mataba la música") en que las discográficas emitían apocalípticas notas de prensa declarando pérdidas multimillonarias, calculadas considerando cada cassette copiado como un disco vendido menos (¿les suena? ¿descargas etc?).

La industria estaba apostando muy fuerte por la introducción del CD, un nuevo soporte aparecido en Japón en 1982 y en el resto del mundo el año siguiente. En realidad, el fracaso de la cuadrafonía en los setenta había demostrado la escasa propensión de los consumidores a cambiar sus aparatos de reproducción con la promesa de una mayor calidad sonora. Lo que en realidad interesaba a la industria de aquel nuevo soporte era que el CD solo podía producirse con maquinaria moderna y costosísima: era imposible realizar copias caseras.

Ahora me meo de la risa, porque sabemos que su gozo acabaría en poco tiempo en un pozo, pero eso entonces nadie podía predecirlo. Lo que en aquel momento lo estaba petando de verdad era el walkman y la posibilidad de escuchar música en movimiento: por la calle, en el recreo, en el metro o haciendo footing (en aquellos tiempos nadie hablaba aún de running, gracias a Dios). Los ~~discman portátiles~~ (invento inútil illuminati) eran entonces aún demasiado caros y muy grandes, imprácticos en movimiento. (En la última película de la vida de Steve Jobs vemos una escena de como el genio californiano tira a la basura un discman por hacer skipping y no caberle en el bolsillo, justo cuando se le ocurre la idea del prolífico iPod).

Por lo que, aún consiguiendo introducir el nuevo soporte, la gente seguiría realizando copias para escucharlas en su **walkman** o en el coche. Para atajar esas multimillonarias (y sobre todo virtuales) pérdidas, las discográficas estaban intentando que el Congreso aprobara una propuesta de ley (la HR2911, la llamada ley Mathias), que introducía una tasa o canon de entre el 10 - 25% sobre todos los aparatos de grabación, y otra de un céntimo al minuto sobre los cassettes vírgenes. El senador Al Gore, marido de Tipper, era uno de los defensores de la ley HR2911, así como el republicano Strom Thurmond, cuya esposa se encontraba entre las más activas promotoras del PMRC.

Por lo que la **Recording Industry Association of America** (RIAA), la patronal de las discográficas, temía con razón que un rechazo demasiado rotundo de las propuestas del PMRC hubiera podido entorpecer el *iterlegis* de la HR2911. El presidente de la RIAA cedió inmediatamente, adoptando un tono conciliador y llegando hasta el punto de tomar en consideración las preocupaciones de las señoras de Washington acerca de los mensajes ocultos o grabados al revés en los discos, eterna obsesión de la derecha cristiana fundamentalista.

En cualquier caso aceptó poner en la portada de los discos potencialmente ofensivos una pegatina que rezaba: «Parental Guidance: Explicit Lyrics». La pegatina «Tipper Sticker», como fue llamada, y que todavía hoy campea en la portada de muchísimos discos. En la audiencia del 19 de septiembre, Zappa renovó su acusación a la industria de haber vendido a los artistas a cambio de la introducción de la que definió como *"un canon privado impuesto a los consumidores por parte de una industria a beneficio de un grupo restringido dentro de la misma."* Pero tanto la reivindicación de la independencia de los músicos ante la tentativa del Estado de embridar su creatividad, como la denuncia de la complicidad interesada de la industria virada hacia un comercialismo para dejar de lado a los músicos menos comerciales y de calidad, entran en lo que cabe esperar de un músico como Zappa.

Lo que resultó menos previsible fue el articulado despliegue argumental, en cierto sentido una auténtica lección de análisis de políticas públicas, que impartió al comité del Senado encabezado por Mr. Illuminati, Al Gore, el ahora conocido evangelista de las causas apocalípticas illuminati desde que el CO_2 es malo (un alumno de primaria sabe que este es el alimento de las plantas) hasta que el arte va a acabar con la pobre industria de la música.

El gran mérito del mercurial Zappa fue demostrar que, además de moralmente equivocada, era una reglamentación chapucera desde el punto de vista técnico: *"Las malas decisiones hacen malas leyes y la gente que legisla malas leyes, en mi opinión son más peligrosos que los artistas que celebran cosas normales como la sexualidad,"* señaló efervescentemente en una parte de su intervención. Zappa empieza insistiendo en que el PMRC está intentando resolver un problema que en realidad no existe, o que tiene una fácil solución desde la esfera estrictamente privada: si las señoras están preocupadas por la influencia del porno rock sobre sus hijos, las tiendas de discos están llenas de maravillosa música instrumental. Pueden dedicar sus 8,98$ a comprar un disco de música clásica o de jazz, mucho más formativas y edificantes que el tan detestado rock de superventas. Quien conoce un mínimo la figura de Frank Zappa sabe además que no se trata de una argumentación oportunista, buena parte de su formación musical se produce fuera del ámbito del rock o pop.

Entre sus mayores influencias, junto al R&B de los años 50, están el compositor francés Edgar Varèse y Stravinski. En segundo lugar pone de relieve la arbitrariedad de aplicar esta reglamentación solamente al rock, sin que sea posible por otra parte definirlo con precisión. Según la propuesta del PMRC quedaría libre de toda restricción, por ejemplo, el country: « ¿hay alguien en el PMRC que pueda establecer una diferencia nítida e inequívoca entre rock y country?». *"Es imposible no sonreír pensando en la institución de una agencia gubernamental dedicada a refinadas disquisiciones musicológicas sobre dónde termina el southern rock y dónde empieza el country."* «Si esta ley fuera aprobada», concluye Zappa, «tendría un efecto proteccionista para la música country, dando más garantías a los cowboys que a los niños».

Zappa desmonta también uno de los principales argumentos de los partidarios de la reglamentación: el paralelismo con la industria cinematográfica, donde existía ya un sistema de clasificación. Y lo hace poniendo de relieve dos grandes diferencias. La primera es estrictamente cuantitativa: la industria cinematográfica producía por aquel entonces 325 películas al año, contra las más de veinticinco mil canciones producidas por la industria discográfica. Esa hipotética agencia musicológica gubernamental de la que hablábamos debería ser verdaderamente grande para poder examinar semejante cantidad de material.

Acerca de este apartado, unas semanas antes de la audiencia en el senado, Zappa, en esta época todavía republicano, había escrito una carta abierta al entonces presidente Reagan, acérrimo enemigo del Estado Papá, preguntándole si no consideraba el proyecto peligroso desde este punto de vista.

Reagan, claro está, nunca contestó. En segundo lugar Zappa recuerda la enorme diferencia que existe entre la producción de una película, y la de un disco o un espectáculo musical, especialmente en lo que se refiere a la exposición individual de cada uno de los participantes. En una película, recuerda Zappa, el trabajo de los actores consiste en fingir, por lo que la clasificación no les afecta en primera persona. Aunque una película sea clasificada como apta solo para un público adulto, eso no repercutirá en futuros trabajos del actor. Los músicos, por el contrario, se exponen en primera persona, presentando su trabajo, y haciéndolo además de forma colectiva. Llegados a este punto Zappa intenta esbozar las consecuencias materiales de una legislación de este tipo: «El PMRC ha exigido a las discográficas que "reexaminen" los contratos de las bandas que en el escenario hacen cosas que consideran ofensivas. Quisiera recordar al PMRC que los grupos musicales están formados por individuos.

¿Si uno de los miembros mueve demasiado la cadera, toda la banda recibirá una "X"? ¿Si después de haber "reexaminado" el contrato, la discográfica despide a toda la banda, los otros miembros denunciarán a quien les ha arruinado la carrera con sus movimientos?

¿Será necesario clasificar individualmente a los miembros del grupo? ¿Y si así fuere, quién va a decidir si el guitarrista es una "X", el cantante una "D/A" y el batería una "V"?». Si alguien se lo había tomado en serio, después de que Zappa pusiera en evidencia que se trataba de una mala idea con aberrantes efectos colaterales, las propuestas del PMRC se deshincharon como una pompa de jabón. De toda aquella campaña contra el rock corruptor de la juventud norteamericana, solo sobrevivieron las pegatinas «Tipper Stickers» que en los noventa acabarían convirtiéndose en un auténtico reclamo publicitario musicalmente transversal, del heavy al rap. Un disco etiquetado con el «Parental Advisory» fue y es un disco automáticamente más deseable para cualquier adolescente rebelde. El mismo Zappa tuvo el honor de que le marcaran un disco con la famosa etiqueta que alertaba del contenido explícito de las letras. Se trataba del *Jazz from Hell,"* un disco instrumental por el que le darían, además, un Grammy.

no habría dicho que era un genio -de hecho, me contrató para transcribir unas letras que no tenían ningún sentido-, pero sí alguien especial y absolutamente diferente a nadie que hubiera conocido hasta entonces.

Pauline Butcher, cercana a Zappa nos cuenta en una entrevista: "*Sí, todo el mundo trataba a Frank así. Cada músico interesante de la época, fuera Pink Floyd, o Jefferson Airplane, por ejemplo, iba a venerar a Zappa a su casa. Bueno, tal vez todos no, David Bowie nunca fue, pero era muy joven por aquel entonces, claro. Las estrellas del rock le admiraban e iban a la cabaña casi en calidad de discípulos, a rendirle homenaje en cierta manera. Yo alucinaba. Incluso Mick Jagger fue una vez a verle.*"

P: ¿Cuál es el acontecimiento más estrafalario que recuerdas haber vivido en la cabaña de madera? Cuando el Cuervo vino a casa y apuntó a Frank con una pistola, sin duda. Es uno de mis pasajes favoritos de tu libro, el capítulo "Baja la pistola". Ahí Frank demostró una gran valentía y templanza, desarmando al Cuervo. Y volvió a demostrarla varios años después en un incidente que tuvo lugar en Suiza en 1971. ¿Sabes a cuál me refiero? Tal vez no lo conozcas. **¿Te refieres a lo ocurrido en el Festival de Montreux, cuando durante la actuación de Zappa un fan con un lanzallamas prendió fuego al Casino, donde tenía lugar el concierto?** Los Deep Purple inmortalizaron la anécdota en su canción "*Smoke on the Water*"… Deep Purple estaban ahí y escribieron una canción sobre ello. El edificio en el que estaban se quemó completamente, con lo que estamos hablando de un incidente muy peligroso. Sin embargo, Frank se quedó en el escenario y, a través del micrófono, pidió calma y animó a la gente a que abandonara el recinto de manera ordenada. Yo estaba ahí; fue increíble. Ese es otro ejemplo de su valentía. Tengo una teoría sobre estos dos acontecimientos. Nunca se lo he contado a nadie, así que, si quieres, puedes ser el primero en conocerla.

"Deep Purple estaban ahí y escribieron una canción sobre ello (Smoke on the water). El edificio en el que estaban se quemó completamente"

¡Dispara!. Ahí va. Frank me dijo una vez que estaba convencido de que le iban a asesinar. Cuando me dijo que iba a presentarse a presidente del gobierno, algo que me dejó en shock, por cierto, pues pensaba que estaba loco por considerar seriamente algo así, le dije: *"acaban de matar a Robert Kennedy, a John F. Kennedy y a Martin Luther King."*

ZAPPA DESCIFRA CÓDIGOS
EN LA ODISEA DE KUBRICK...

"Todos ellos han sido asesinados. ¿No te das cuenta de que, si te presentas a presidente, corres el riesgo de morir asesinado como ellos?" A lo que me respondió: *"creo que yo moriré asesinado en cualquier caso."* Zappa nunca veía películas solo algunas, Bueno, creo que vio "<u>*2001: una odisea del espacio*</u>". De hecho, hay una cita a ella en "***200 Motels***". Pero, por lo demás, mientras estuve ahí, nada. Una vez le pregunté a Pamela Zarúbica exactamente lo mismo que me has preguntado tú y ella me dijo que Frank había aprendido todo en la biblioteca antes de convertirse en músico. Así aprendió todo lo que sabía, por ejemplo, sobre Freud. Tenía una memoria prodigiosa, ¡un portento! Sí leía sobre algo, lo recordaba toda la vida. Tenía memoria de elefante.

REBELDES SIN UNA CAUSA
¿QUIÉN MATÓ A LOS KENNEDYS Y A SAL MINEO?

"La palabra 'secreto' es repugnante en una sociedad libre y abierta; y somos un pueblo históricamente opuesto a las sociedades secretas..."
-JFK, Abril 1961

"La ilusión de libertad continuará mientras sea rentable dicha ilusión. Cuando sea muy cara de mantener, bajarán el escenario, cerraran las cortinas y sacarán las sillas, y podrás ver el agujero en la pared del teatro"

-Frank Zappa

El actor Sal Mineo fue apuñalado de muerte en un aparcamiento después de firmar para hacer el papel del asesino de JFK, Sirhan Sirhan en una película independiente de la época. (El asesinato de la CIA y la programación post-hipnótica eran los temas principales de la película.) Elliot Mintz **talkshow** para la cadena ABC, más tarde Bob Dylan y el publicista de Lennon tuvieron que dejar la investigación sobre su amigo Mineo, con respecto a la muerte de JFK. Se convencieron de que Sirhan era inocente. La producción cinematográfica no estuvo de acuerdo y Mineo se retiró de la película. Después de que fue asesinado los medios revelaron su vida secreta, de que era bi-sexual, y el asesinato fue tomado como un caso de homofobia.

Los bares gays se cerraban por el miedo, y las estrellas de Hollywood se refugiaban detrás de los portalones de sus mansiones de Bel Air, Beverly Hills y North Hollywood que estaban cerradas a cal y canto.

Michael Ruppert, ex capitán de policía de LAPD, dejó el departamento para chivarse de sus colegas adiestrados por la CIA. "*Sirhan fue hipno-programado usando la hipnosis, las drogas y la tortura por el reverendo Jerry Owen y el especialista en control mental de la CIA William Bryan en la granja donde trabajó meses antes del tiroteo*" Los policías del LAPD ocultaron pruebas que implicaban a la CIA en el tiroteo. Los canales del mundo de la inteligencia estaban llenos de ladrones y asesinos.

El Evangelista Conservador Billy Graham fue el célebre "*consejero espiritual*" de presidentes como Nixon. Luego estaba el gángster de Los Angeles corrupto servidor público y rico zar Mickey Cohen (quien "afirmó" ser un amigo del actor Sal Mineo) Cohen contactó con la prensa después de la muerte de Mineo y contó que él era su amigo. Cohen también era cercano a Nixon, y su comitiva. En 1968, Cohen fue acuñado el padrino de las operaciones de juego de la mafia de la Costa Oeste. Cuando Cohen estuvo a punto de morir, se desveló ante el periodista de investigación Chuck Ashman, y dijo: "*Mickey Cohen me contó la historia de que le pagaron para falsificar una conversión y una dosis de cristianismo para la cruzada de Billy Grahams NY. El pastor pasó más de 10.000 dólares a Mickey y a su familia* ". *Encontramos las fechas y las cantidades e incluso los cheques* ", dijo Ashman.

Cohen fue el primer puente que unió a los asesinos de Robert Kennedy y Sal Mineo. Cohen era amigo de Carlos Marcellos, jefe de la mafia, que trabajaba con David Ferrie, en operaciones corruptas de la CIA., quien fue investigado por Jim Garrison en relación con el asesinato de JFK. Cohen también era amigo de Jack Ruby. Cohen era también amigo de Melvin Belli, el abogado defensor de Jack Ruby. También controló la pista de carreras de Santa Anita donde Sirhan fue empleado.

El círculo de amigos de Mickey Cohen y su aparición en el centro de atención tras el asesinato de Mineo pide una pregunta a los agentes de poder de Hollywood. Sirhan y Cohen estaban cerca de Desi Arnez, (Productor) de I Love Lucy. Arnez era un dirigente cubano contra el exilio cubano. En 1966 Sirhan escribió en su cuaderno que consiguió un trabajo en los establos y granja Corona Breeding Farm co-propiedad de Desi Arnez, Buddy Ebsen, Dale Robertson, ultra conservadores y personalidades de la televisión estaban bien familiarizados con Sirhan. Sirhan era conocido como un ferviente anticomunista.

El fiscal, Russell Parsons, el abogado de Sirhan, no mostró ningún esfuerzo para dar a conocer que Sirhan estaba en la posición equivocada para matar al senador Kennedy, le dispararon desde atrás y Sirhan se paró frente a Kennedy. Como hemos reiterado en varias ocasiones la operación del asesinato de JFK fue llevado a cabo por agentes illuminati infiltrados en la CIA con colaboración de la mafia y el vaticano, los cuales trabajan codo con codo.

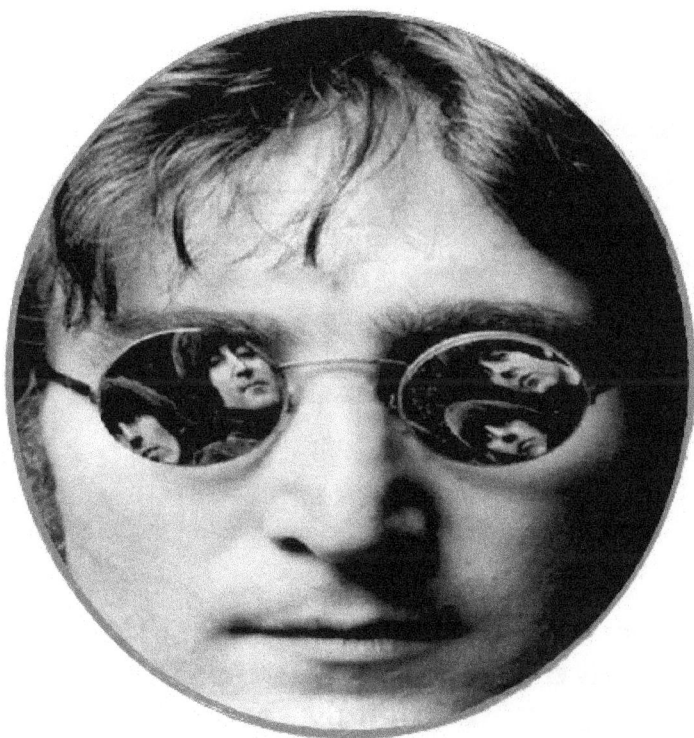

PROYECTO WALRUS
Y EL MOVIMIENTO DE LA VERDAD

"Lennon invirtió su propio dinero en una campaña global por la "PAZ".
Inició un MOVIMIENTO global de la PAZ que ha crecido y se ha
transformado hoy en el MOVIMIENTO de la VERDAD o TRUTH MOVEMENT..."
-Chris Everard, Documentarista, "Assassination of John Lennon" 2016

Dangerous Liaisons

For decades, the FBI launched full-scale investigations into the lives of John Lennon, Frank Sinatra, Pete Seeger, Jim Morrison and other pop stars. Why did the Feds believe so many entertainers posed national security threats?

by Bill DeMain

SUBJECT:

John Lennon

WARNING from the FBI

WAR IS OVER!

> *"... Siempre debemos recordar de dar las gracias a la CIA y al Ejército por el LSD, eso es lo que la gente olvida, todo es lo contrario de lo que realmente es, ¿no es así?..."*
>
> -John Lennon, Entrevista a Playboy 1980

Lennon invirtió de su propio dinero en una campaña global por la "PAZ". Inició un MOVIMIENTO por la PAZ que ha crecido y se ha transformado en el MOVIMIENTO de la VERDAD o el **TRUTH MOVEMENT** de hoy en día. Muchas personas han "despertado" al hecho de que muchos gobiernos, miembros del Congreso, los miembros del Senado y las Cámaras del Parlamento tienen acciones ocultas en empresas que fabrican armas de destrucción masiva, petroleras, activos en paraísos fiscales y se benefician de los impuestos de los ciudadanos entre otras corruptelas.

La razón por la que el mundo está a menudo en guerra, es porque cada vez que se declara una guerra, o se anuncia una misión de bombardeo con aviones no tripulados, el valor de estas acciones aumenta. JOHN LENNON por tanto ha inspirado el Movimiento de la Verdad de hoy con una campaña por la Paz en su día.

El profético ex Beatle John Lennon es, sin duda, uno de los nombres más famosos que se encuentran en la Lista Negrade Laurel Canyon. Lennon también tiene la distinción de ser uno de los pocos alumnos de Laurel Canyon cuya causa de muerte es reconocida oficialmente como homicidio. El ex-Beatle, por supuesto, nunca vivió con Canyon o en el Grand Canyon, pero él era un accesorio en el Sunset Strip y en varios lugares de interés de Laurel Canyon, frecuentemente en compañía de Harry Nilsson. Y como seguramente recuerdan los lectores, fue asesinado el 8 de diciembre de 1980, supuestamente por Mark David Chapman, pero más probablemente por un segundo pistolero que luego explicaremos.

John Lennon fue asesinado después de ser el blanco de una campaña de espionaje. Debido a que el asesino admitió su crimen y fue detenido en la escena, no se llevó a cabo ninguna investigación oficial... Hasta ahora. Por eso este libro y el siguiente tomo de esta obra investiga a fondo los elementos RITUALES "SATÁNICOS" y PARANORMALES que rodean Hollywood, su industria y la vida de John Lennon, y su muerte.

Como todos saben, Lennon fue asesinado frente a los Dakota Apartments de Nueva York, que había sido retratado por el cineasta Roman Polanski en los años 60 como una guarida de la actividad de culto satánico (en su película **Rosemary's Baby**, en español conocida como la Semilla del Diablo). No mucho antes del asesinato de Lennon, Chapman se había acercado al cineasta ocultista Kenneth Anger y le ofreció un regalo, balas de verdad. Pocos días después de que Lennon fuera asesinado, el estreno de **Lucifer Rising** hizo su debut en Nueva York, no lejos de los terrenos manchados de sangre de los Apartamentos Dakota. Y no mucho después, la 'Revolución Republicana Reagan' comenzó a transformar a América.

Mark-David Chapman eligió no declararse culpable debido a seguir la dirección de voces en su cabeza. Su abogado J. Marks, puntualizó el argumento *"por razón de locura"*. Chapman declaró: *"Puedo oír sus pensamientos, puedo oírlos hablar, pero no desde el exterior, desde adentro."* Ninguno de los 3 psiquiatras en el juicio exploró la posibilidad del Control de la Mente.

En 1977 Chapman perdió su religión cristiana fundamentalista y se convirtió en un satanista. A los 19 años, en 1975, Chapman firmó con el YMCA, (programa internacional de consejeros de campamentos cristianos) y fue enviado a Beirut donde supuestamente recibió instrucciones sobre artes letales en la escuela de terror de la CIA. (Había un conocido "experimento en la unidad de Control de la Mente" para el ejército en el Líbano). En 1980 apareció en Nueva York y envió una carta a una dirección italiana.

El Dakota (residencia de Lennon) fue dada como dirección de devolución. Hubo una referencia a su *"misión"* en Nueva York. Esta carta fue devuelta a Nueva York, la dirección no encontrada en Italia, donde estuvo durante tres años en la papelera muerta de risa, y finalmente entregada a la dirección del Dakota. Yoko Ono echó un vistazo a la carta y la metió en su trastornado archivo. En 1983, el jefe de seguridad, Mahoney, encontró la carta. Esto era evidencia de asesinato premeditado y conspiración. La carta desapareció y reapareció ligeramente alterada, en fecha posterior a 1981. La declaración de *"misión"* desapareció poco después.

Elliot Mintz, amigo de Sal Mineo, fue instrumental en desvelar el *"Proyecto Walrus"* (Operación Morsa) como una conspiración con respecto a Lennon. También había sido compañero de Lennon y publicista desde 1971. Mintz recuerda que algunos de los guardias del edificio de Yoko eran agentes de la policía de Nueva York.

Es muy difícil para un ciudadano privado poseer legalmente un arma en Nueva York. Sólo personas que pueden estar fuera de servicio u oficiales de la ley. Había muchos archivos con contenidos que faltaban en el apartamento de Yoko. Después de que Lennon fuera asesinado. Aparatos de escucha fueron pinchados en el Dakota y una vez que hicieron una limpieza exhaustiva reaparecerían estos. Había habido numerosos intentos de atentado contra la vida de Yoko. Un hombre fue arrestado en el aeropuerto quien había hecho una llamada que él venía para terminar el trabajo y matar a Yoko y a su hijo Sean. También hubo llamadas para decirles a sus guardas espaldas que iban a matarla. Sean Lennon dijo: *"Crecí temeroso de que mi madre y yo fuéramos asesinados"*.

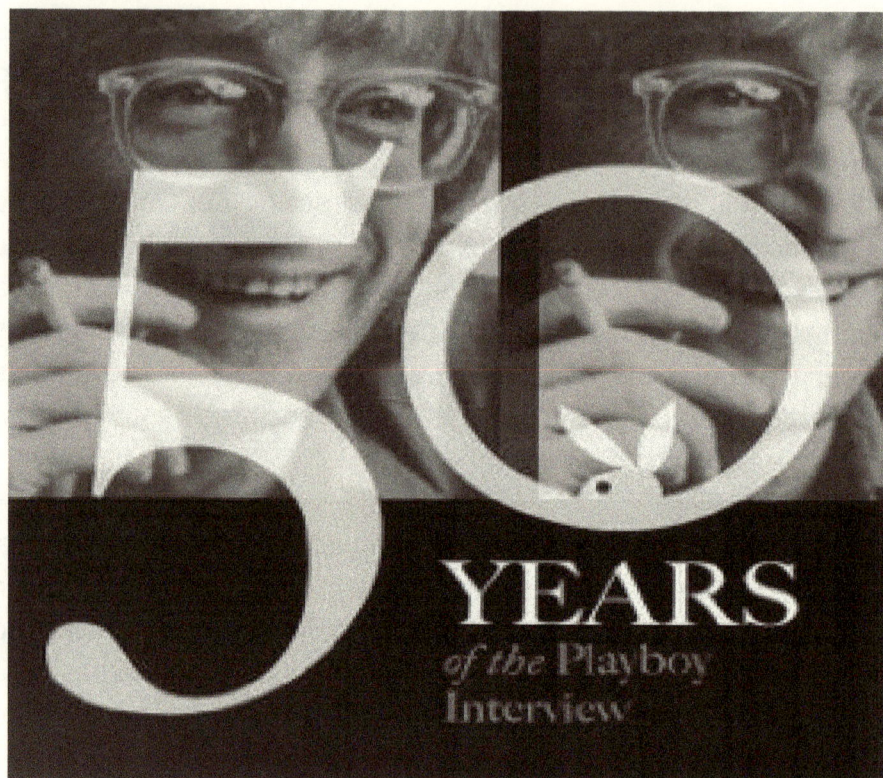

Después del asesinato de John la primera promoción del Proyecto Morsa fue la ruina de su reputación. John sabía que estaba amenazado y se había vuelto paranóico. Después del Watergate puso una demanda por la escucha y la vigilancia ilegal e hizo un cierto progreso en el tema. El Departamento de Justicia nunca admitió que efectivamente llevó a cabo la escucha telefónica y culpó a otros. Después de obtener su Green Card (residencia americana), renunció al litigio con el gobierno. Lennon superó su miedo al acoso federal y dejó declaraciones públicas que eran de anti-sistema.

Un canal oficial de noticias - la BBC esta vez - se refirió a Mark David Chapman como un "fan obsesionado". Esto parece ser un procedimiento de operación estándar para los principales medios de comunicación cada vez que aparece el nombre de Chapman. ¿Pero es una representación exacta? Chapman, por supuesto, es el hombre que le disparó a John Lennon por alguna razón patentemente absurda. Su preocupación por John Lennon no surgió hasta los meses previos al asesinato. Este hecho ha sido establecido por Fenton Bresler, autor de **_Who Killed John Lennon?_** Como Barry Chamish observa del investigador Bresler, él hace un trabajo adecuado pues se dio cuenta que Chapman era un asesino robot, víctima del control de la mente.

La Fórmula de los agentes Illuminati utilizada para crear un Esclavo Totalmente Controlado Mentalmente e indetectable está expuesta en muchos libros con autores serios incluso pertenecientes a las fuerzas del orden. Para una narrativa desgarradora en primera persona, os aconsejo el libro **_Trance Formation of America_** de Cathy O'Brien, donde esta antigua "modelo presidencial" nombra los nombres (incluidos los de cuatro presidentes) y detalla los tormentos del trauma, O'Brien destaca las maneras en que los libros populares y las películas, en su propio caso fue sobre todo el Mago de Oz, se utilizan como herramientas de programación, a la luz el apego ridículo de Chapman a **_The Catcher in the Rye_**, El guardián entre el centeno en español. (Un libro que usan para comerle el coco a la gente, repleto de códigos)

Volviendo a Chapman el "fan obsesionado", ¿este etiquetado erróneo omnipresente indica un periodismo descuidado, o significa que en algún nivel los medios están distorsionando activamente los hechos? Más que probable que la respuesta sea ambas cosas.

¿Qué Agenda, y por qué alguien iba tan lejos para asesinar a un compositor y músico? Por el momento vamos a llamarlos "Super-Elite Global" (SEG para abreviar). Como incentivo para el asesinato, puedes inclinarte hacia el punto de vista de Chamish que, al borrar al ex Beatle, el SEG se estaba deshaciendo de una de sus propias creaciones, un activo de alto perfil llamado John Lennon, como una prueba para la próxima John Hinckley, Jr. (quien, se podría suponer, fue programado para identificarse con Travis Bickle, el antihéroe de Taxi Driver, de la misma manera que Cathy O'Brien fue programada con el Mago de Oz y Mark Chapman con El Guardian Del Centeno); O puedes estar inclinado a pensar hacia la opinión de Bresler que el SEG quitó a Lennon de en medio, en un punto dominante de la transición en la vida de esta figura pública extremadamente influyente, es decir, cuando él parecía estar recuperando el ímpetu artístico en el contexto de un nuevo Lennon, que hizo que su popularidad, su política de paz y buscar la verdad y su bolsillo fueran una amenaza directa al odio y la guerra belicosa de la Agenda de los SEG.

Matar a Lennon fue sólo el primer paso. Todo lo que Lennon significaba debia ser desfigurado y desacreditado. Lennon tenía millones de seguidores no sólo en America, sino en todo el mundo, y era cuestión de tiempo de que gracias a este, la gente comenzara a despertar.

Ese era el principal objetivo de Walrus. Sus diarios fueron robados y devueltos más tarde con entradas extra y algunas entradas alteradas. Fred Seaman escribió un libro difamatorio sobre Lennon. El tipo debía ser el ejecutor de los archivos de Lennon, y mucho se fingía con respecto a su vínculo. Les dijo a sus amigos que iba a desacreditar a Yoko a toda costa. El objetivo era conducirla a un ataque de nervios y desacreditar su intento de establecer directamente el registro público y cantar todo lo que sabía.

El equipo de la operación walrus esperaba inmensos beneficios. Los acontecimientos en el Dakota comenzaron a sonar como la película "*Gaslight*". (En el cual un marido intenta enloquecer a su esposa debido a su distorsión de la realidad) Yoko comenzó a dormir mal. Uno de los asistentes de Yoko, atormentado por el *estrés comenzó a llevar un arma en todo momento. Dijo que "no sabes lo grande que es esto, la gente que hace esto es demasiado grande para luchar*". Para desacreditar a Lennon y Yoko y el movimiento de la paz era una parte importante de la operación walrus.

Lo curioso es que el día que murió Lennon, varios testigos identificaron a un individuo de raza hispánica cerca del Dakota, que era el portero, Jose Joaquin Sanjenis Perdomo y concuerda con un cubano americano exCIA que había trabajado como sicario de estos y la mafia. Joaquín Sanjenis había trabajado estrechamente con el condenado ladrón de Watergate Frank Sturgis durante unos diez años en la nómina de la CIA. La evidencia que implica al portero de Dakota, José Joaquín Sanjenis Perdomo, como asesino de Lennon, es mucho más extensa que pretender arrojar un cuerpo en el mar.

Los registros revelan un "José Joaquín Sanjenis Perdomo" (alias: "Joaquín Sanjenis" y "Sam Jenis") que fue un exiliado cubano anticastrista y miembro de la Brigada 2506 durante la Invasión de Bahía de Cochinos en 1961, una fallida operación de la CIA para derrocar a Fidel Castro. Perdomo era un asesino profesional que trabajó estrechamente con el condenado ladrón de Watergate Frank Sturgis (fallecido) durante unos diez años en nómina de la CIA.

José Perdomo era el portero en Dakota el 8 de diciembre de 1980, la noche en que Lennon fue asesinado. Este estaba en la escena del crimen cuando ocurrió el asesinato. Perdomo le preguntó al asesino acusado Mark David Chapman, inmediatamente después del tiroteo, si sabía lo que acababa de hacer. Chapman respondió que acababa de disparar a John Lennon. Perdomo le dijo a la policía que Chapman era el agresor de Lennon.

Uno de los oficiales que lo arrestaron, Peter Cullen, no creyó que Chapman hubiera matado a Lennon. Cullen tenía sospechas que el tirador era un manitas que trabajaba en el Dakota, pero Perdomo convenció a Cullen de que era Chapman. Cullen pensó que Chapman *parecía un tipo que trabajaba en un banco*. Perdomo era un exiliado cubano anticastrista. Perdomo y Chapman discutieron sobre la invasión de Bahía de Cochinos y el asesinato de JFK unas horas antes de que Lennon fuera asesinado. Esto sugiere que Perdomo era un miembro de la brigada 2506 durante la invasión de la Bahía de Cochinos en 1961, una operación fallida de la CIA para derrocar a Fidel Castro.

La entrevista de Playboy fue publicada poco después de la muerte de Lennon... Y además, me gustaría saber si el Abram llevaba una copia de "Catcher In the Rye" de JD Salinger, así como el asesino de Lennon, Chapman y el supuesto asesino de Reagan John Hinckley, por no mencionar el MK-Ultra asesino controlado "Jerry" interpretado por Mel Gibson en la sorprendentemente reveladora película "***Conspiracy Theory***"

Los archivos de información cubanos revelan un "José Joaquín Sanjenis Perdomo" (alias: Joaquín Sanjenis, Sam Jenis) fue miembro de la Brigada 2506 durante la invasión de Bahía de Cochinos en 1961. En resumen, Lennon fue asesinado poco después de que concediera una entrevista a la revista Playboy en la que cantó bastante sobre el hecho de que los Beatles fueron parte de la experimentación masiva en el control social / ingeniería desencadenada por Tavistock y las agencias de inteligencia, como la introducción deliberada de drogas como el LSD. En la floreciente escena de la "contracultura" durante los años sesenta y setenta.

TAVISTOCK
FACTORÍA DE ENTRETENIMIENTO ILLUMINATI

"...Nosotros somos más populares que Jesús, no sé qué se irá primero, si el rock & roll o el Cristianismo."
-Beatles 1966

Uno de los acontecimientos contraculturales más influyentes en la sociedad de la segunda mitad del pasado siglo XX fue el movimiento hippie protagonizado por los hijos de aquella generación condicionada por verse inmersa en la 2ª Guerra Mundial y algunas dictaduras europeas. Aquellos jóvenes caracterizados por una estética que se dejaban crecer el pelo con atuendos donde abundaban las flores (power flower) que se complementaba con un comportamiento social antibelicista contra la guerra de Vietnam proclamando la paz y el amor libre, supuso una brutal ruptura generacional que fue derivando hacia el consumo de drogas como el LSD... y demasiadas muertes por el camino.

Como el propósito de este libro es detectar la presencia de la mano que siempre mece todo aquello que la población en general considera natural o espontáneo, y como este trabajo ajeno que exponemos a continuación **supera con creces** cualquier indagación que podamos hacer en el asunto, nos hemos basado en él añadiéndole detalles de nuestra propia cosecha.

Las piezas clave de esta enorme obra de ingeniería social fueron:

-Instituto Tavistock (vínculos con masonería y Caballeros de Malta).

-CIA (dirigida por Caballeros de Malta bajo las órdenes de Jesuitas-Vaticano).

-Theodor Adorno (vínculos con Escuela de Frankfurt y Tavistock, controlador de The Beatles).

-Prince Rupert Loewenstein (Caballero de Malta controlador de The Rolling Stones).

-Alan Trist (ligado a Tavistock y controlador de The Grateful Dead).

Los Rolling Stones estaban dominados por un miembro de la Orden de Malta llamado Prince Rupert Loewenstein, que patrocinó 'Sympathy for the Devil' en 1968. Este príncipe era también un miembro de la muy poderosa Sagrada Orden Militar Constantiniana de San Jorge. La Orden de Malta es el brazo militar del Vaticano. Todo por diseño, todo por la planificación del control de la mente y manipular el pensamiento de la generación Baby Boom (de máximos nacimientos desde los 60 y 70), el lenguaje y el argot usado y el control del comportamiento de las masas.

Y, es interesante observar que el Instituto Tavistock de relación humana y el Instituto de Investigación de Stanford desarrollaron al grupo musical The Grateful Dead, entre otras cosas. Se puede ver que Alan Trist, un ingeniero social para el Instituto Tavistock, se convirtió en el director de la sombra de los Grateful Dead. Su padre, Eric Trist, fue uno de los miembros fundadores principales de Tavistock. Esto era parte del desarrollo de un modelo de guerra psicológico dinámico para ser usado en poblaciones extranjeras y dentro de EEUU, modeladas, por último, en el Lord Gordon Riots en Londres y en el Terror Jacobino de la Revolución francesa.

El objetivo era movilizar a las multitudes en oposición ideológica al estado, como una operación de desestabilización masiva. Con el lema: *"La rebelión contra la sociedad, deja que tu cabello crezca más..."* se encendió, sintonizó, ya que millones de pildoras de LSD aparecieron en la escena hippie desde los laboratorios de la CIA y la promoción proporcionada por la CIA a través del agente de la universidad de Harvard, Timothy Leary, y la distribución de los gustos de los Grateful Dead. Los hombres encerrados en los centros e instituciones de investigación, cuyos nombres y rostros todavía no se conocen, se aseguraron de que la prensa hiciera su parte. Por el contrario, el importante papel de los medios de comunicación de no exponer el poder detrás de los futuros choques culturales se aseguró de que el origen del movimiento hippie nunca fuera identificado.

Por lo tanto nuestra sociedad se vuelve loca por choques psicológicos y por el estrés. "Driven mad" (Vuélvelos Locos) se toma del manual nazi de Tavistock. Desde sus modestos inicios en 1921, bajo otros nombres, Tavistock estaba listo en 1966 para poner en marcha una importante revolución cultural irreversible en América, que aún no ha terminado. La conspiración de Acuario es parte de ella. Los **Beatles** (los niños buenos) y los **Stones** (niños malos: Simpatía por el diablo) eran dos caras de una misma moneda que fue acuñada por el Instituto Tavistock para introducir una nueva generación a un nuevo lenguaje y una nueva formación cultural en torno a supuestas libertades y la libertad de tomar drogas y convertirse en la contra-cultura... Y todo fue hecho artificialmente.

Las letras de los Beatles, las portadas de los álbumnes de los Rolling Stones, sus managers (o manipuladores) fueron todos derivados del Instituto Tavistock. Al contrario de lo que podía parecer, los Beatles venían de la calle, y los Rolling de familias adineradas. ¿Curioso verdad? Además por si esto fuera poco, y dado la poca creatividad que tenían los Rolling, su manager le compró hasta un par de canciones a los Beatles para su repertorio.

El Instituto Tavistock oficialmente fue fundado en Londres en 1946 con la ayuda de una beca de la Fundación Rockefeller. Es una organización sin fines de lucro para un laboratorio de ideas think-tank en inglés, y la política y la organización de consultoría. Se publica "Relaciones Humanas y Evaluación de acogida: La Revista Internacional de Teoría, investigación y práctica, una revista académica.

Según su sitio web, ayudan a las organizaciones. Tres elementos se combinan para hacer del Instituto algo inusual, si no único: tiene la independencia de estar totalmente auto-financiado, sin subsidios del gobierno o de otras fuentes; la orientación de la investigación-acción se coloca entre, pero no en, el mundo académico y consultoría; y su gama de disciplinas es la antropología, la economía, el comportamiento organizacional, la ciencia política, el psicoanálisis, la psicología y la sociología.

El Instituto Tavistock tiene su sede en Londres. Su profeta, Sigmund Freud (aunque Freud se revolvería en su tumba de saber en lo que ha derivado este instituto hoy en día), se instaló en los jardines de Maresfield cuando se trasladó a Inglaterra. Se le dio una mansión de la princesa Bonaparte.

El trabajo de Tavistock, pionero en la ciencia del comportamiento a lo largo de las teorías freudianas para "controlar" a los seres humanos, se estableció como el centro mundial de la ideología. Hoy en día el Instituto Tavistock opera una red de 6 mil millones de dólares al año de las fundaciones en los EE.UU., todo ello financiado por el dinero de los contribuyentes americanos. 10 grandes instituciones están bajo su control directo, con 400 subsidiarias y otros 3.000 grupos de estudio y de reflexión donde se originan muchos tipos de programas para aumentar el control del orden mundial sobre el pueblo americano.

El Instituto de Investigación de Stanford, contiguo a la Institución Hoover, opera con 150 millones de dólares al año y con 3300 empleados. Lleva a cabo la vigilancia del programa de Bechtel, Kaiser, y otras 400 empresas, y extensas operaciones de inteligencia para la CIA. Es la institución más grande en la costa oeste para promover el control de la mente y las ciencias de la conducta.

Uno de los principales organismos como herramienta para enviar instrucciones secretas de Tavistock es la Fundación Ditchley, fundada en 1957. La rama americana de la Fundación Ditchley está dirigida por **Cyrus Vance**, ex secretario de Estado y director de la Fundación Rockefeller, y **Winston Lord**, presidente del Consejo de Relaciones Exteriores. Ellos han controlado y manipulado lo que pensamos, la música que oímos y las ideas culturales con la cuales las últimas generaciones nos hemos identificado.

La Wikipedia dice: *"El Proyecto de Radio fue una investigación social financiada por la Fundación Rockefeller para estudiar los efectos de los medios de comunicación en la sociedad. En 1937, la Fundación Rockefeller comenzó a financiar la investigación para encontrar los efectos de las nuevas formas de los medios de comunicación en la sociedad, en especial la radio. Varias universidades se unieron y un cuartel general se formó en la Escuela de Asuntos Públicos e Internacionales en la Universidad de Princeton. Las siguientes personas estuvieron involucradas: Paul Lazarsfeld - Director del Proyecto de Radio…*

"Theodor Adorno - Jefe de la División de Música. Hadley Cantril - Un psicólogo del Departamento de Psicología de la Universidad de Princeton. Gordon Allport - otro de los ayudantes de Lazarsfeld, pasó a ser representante en los Estados Unidos del Instituto Tavistock. Frank Stanton - Investigador de la CBS enviado a ayudar al proyecto, se convirtió en presidente de la CBS. Entre los primeros estudios del proyecto estuvieron las telenovelas, conocidas como los programas de radio en el momento."

*"El Proyecto Radio también investigó la emisión de Halloween 1938 de **La guerra de los mundos**. Ellos encontraron que de los aproximadamente 6 millones de personas que escucharon esta emisión, el 25% pensaba que era real."* *"La mayoría de las personas que entraron en pánico no pensaron que se trataba de una invasión de Marte que se estaba produciendo, sino más bien una invasión de los alemanes. Más tarde se determinó que debido a las emisiones de radio de la crisis de Munich a principios de año, las masas eran propensos a esto. Un tercer proyecto de investigación fue la de los hábitos de escucha. Debido a esto, un nuevo método fue desarrollado para encuestar a una audiencia. Este fue apodado como el **Proyecto Little Annie**."*

*"El nombre oficial fue el Programa Analizador Stanton-Lazarsfeld. Esto permitió no sólo para averiguar si un oyente le gusta la actuación, sino cómo se sentía en cualquier momento, a través de una línea que volverían a expresar su preferencia (positiva o negativa). Este método se ha convertido en una herramienta esencial en la investigación de grupos focales. Theodor Adorno produjo numerosos informes sobre los efectos de la "escucha atomizada" que apoyó la radio y de la que fue muy crítico. Sin embargo, debido a profundos desacuerdos metodológicos con Lazarsfeld sobre el uso de técnicas como las encuestas de oyentes y "Little Annie", **Adorno** abandonó el proyecto en 1941."*

Arriba los Beatles con Jimmy Saville, pedófilo condenado, pervertido sexual y amigo cercano del príncipe Carlos.

"...El hecho es que los "Beatles" le escribían y dirigían su música y letras, el artífice era Theo Adorno, y este hecho se ocultó al público."
-John Coleman, ex agente del MI6

Un ejemplo destacado del condicionamiento social para aceptar el cambio, aún cuando se reconoce que el cambio no es deseado por el gran grupo de población en el punto de mira del Stanford Research Institute, fue el "*advenimiento*" de los Beatles. **Los Beatles fueron llevados a los Estados Unidos cómo parte de un experimento social** que sometiera a grandes grupos de población para un lavado de cerebro del cual ni siquiera eran conscientes. Cuando Tavistock llevó a los Beatles a los Estados Unidos nadie podría haber imaginado el desastre cultural que iba a seguir a su paso.

Esto fue en poco tiempo acuñado por muchos expertos musicales como, **The British Invasion** (la Invasión Britanica). Los Beatles eran una parte integral de "*LA CONSPIRACIÓN DE ACUARIO,*" un organismo vivo, que surgió de "*las cambiantes imágenes del hombre,*" *URH (489) -2150-Política de Investigación Informe Nº 4.4.74. Política de informe previo a la comparación por SRI Centro para el estudio de la política social, director, profesor Willis Harmon.*

El fenómeno de los Beatles no fue una rebelión espontánea de los jóvenes contra el viejo sistema social. En cambio, era una trama cuidadosamente diseñada para introducir la complicidad adolescente a un fenómeno que no pudo ser identificado, un elemento altamente destructivo y crear división en un grupo grande de población con el objetivo del cambio, en contra de su voluntad. Las nuevas palabras y frases preparadas por Tavistock se introdujeron en América junto con los Beatles.

Palabras tales como "*rock*" en relación a los sonidos musicales, "*adolescente*", "*bueno*", "*descubierto*" y "*música pop*" eran un léxico de palabras de códigos disfrazados que significa la aceptación de las drogas, y llegaron acompañadas de los Beatles donde quiera que iban, para ser "descubiertas" por "los adolescentes." Por cierto, la palabra "adolescentes" nunca fue utilizada hasta justo antes de que los Beatles llegaran a escena, cortesía del Instituto Tavistock de Relaciones humanas. Al igual que en el caso de las guerras de bandas, nada podría o habría sido posible sin la cooperación de los medios de comunicación, especialmente los electrónicos y, en particular, la tele y radio y con el show **Ed Sullivan**, que había sido adiestrado por los conspiradores en cuanto al papel que iba a desempeñar.

Nadie hubiera prestado mucha atención a la formación campechana de los chicos de la cueva de Liverpool y el sistema de 12 de "música" que iba a seguir si no hubiera sido por un exceso de exposición a la prensa. El sistema de 12 consistía en sonidos machacantes y repetitivos, prestado de culturas antiguas de los misterios y en concreto del culto griego y persa a Dionisio y el sacerdocio Baal por firma de la casa, Theodor Adorno y dándole una idea "moderna" por este amigo especial de la Reina de Inglaterra y por lo tanto del **Comité de los 300**.

Los Beatles hicieron un trabajo perfecto, o quizás sería más correcto decir que Tavistock y Stanford hicieron un trabajo perfecto. Los Beatles reaccionaron simplemente como robots capacitados "con un poco de ayuda de sus amigos" con palabras-códigos para el uso de drogas y para lo que es "*guay*."

Los Beatles se convirtieron en un muy visible "nuevo tipo", más jerga Tavistock y, como tal, no pasó mucho tiempo antes de que el grupo popularizara nuevos estilos (modas en ropa, peinados y el uso del lenguaje) que molestaron a la generación anterior, como se pretendía. Esto fue parte del proceso de "*fragmentación por mala adaptación*" elaborado por **Willis Harmon** y su equipo de científicos sociales y manitas de ingeniería genética que se puso en acción.

El papel de los medios impresos y electrónicos en nuestra sociedad es crucial para el éxito del lavado de cerebro de grandes grupos de población. Guerras de bandas terminaban en Los Ángeles en 1966 cuando los medios de comunicación retiraron su cobertura. Lo mismo ocurriría con la actual ola de guerras de pandillas en Los Ángeles. Las bandas callejeras se marchitaban a la vez que la cobertura de saturación de los medios de comunicación bajó de tono hasta olvidarlos completamente. Al igual que en 1966, el tema se había "quemado." Las bandas callejeras han servido a su propósito de crear turbulencia e inseguridad (hablaremos en los siguientes capítulos de este tema y su conexión masónica). Exactamente, el mismo patrón se siguió en el caso de la música "rock".

Privados de la atención de los medios, con el tiempo cogen su lugar en la historia. A raíz de los Beatles, que por cierto fueron reunidos por el Instituto Tavistock, vinieron otros grupos de rock "*manufacturados en Gran Bretaña,*" que, como los Beatles, tuvieron en Theo Adorno como cerebro detrás de está "música," y estableciendo buenas relaciones con productores, ingenieros y arreglistas de esa época.

La segunda parte del trabajo de Tavistock y la Investigación de Stanford fue encargada por el Comité de los 300. Esta nueva fase se hizo al calor del cambio social en América. Tan rápido como los Beatles habían aparecido en la escena americana, también lo hizo la "*Generación Beat*", palabras de activación diseñadas para separar y fragmentar la sociedad. Los medios de comunicación centran ahora su atención en las otras palabras acuñadas por Tavistock que salieron aparentemente de la nada: "*Beatniks*", "*hippies*", "*los niños de flor*" se convirtieron en parte del vocabulario de América. Se hizo popular como "marginal" y usar los pantalones vaqueros sucios y pelo largo sin lavar. El grupo de nueva creación y su "estilo de vida" barrieron a millones de jóvenes americanos hacia el culto.

Los jóvenes de América se sometieron a una revolución radical sin ser conscientes de ello, mientras que la generación de más edad sentía impotencia, incapaz de identificar el origen de la crisis, y reaccionar ante las drogas de todo tipo, cannabis, y más tarde, el "**LSD.**" Siempre tan convenientemente preparadas por la multinacional farmacéutica suiza **Sandoz**, tras el descubrimiento de uno de sus genios químicos, Albert Hoffman, de cómo hacer ergotamina sintética, una poderosa droga que altera la mente. El Comité de los 300 financió el proyecto a través de uno de sus bancos, SC Warburg, y la droga fue popularizada en América por el filósofo Aldous Huxley, el autor de "*Un mundo feliz*".

La nueva "droga de la maravilla," el ácido lisérgico LSD*[1] se distribuyó rápidamente en paquetes de tamaño "muestra", entregado de forma gratuita en los campuses universitarios de todo Estados Unidos y en los conciertos de "Rock", que se convirtieron en el vehículo principal para la proliferación del uso de drogas. La pregunta que clama por una respuesta es, ¿qué hizo la Drug Enforcement Agency (DEA) en ese momento? Hay evidencia circunstancial convincente que parecería indicar que la DEA sabía lo que estaba pasando, pero se le ordenó no actuar.

Con un número muy considerable de nuevas bandas británicas de "rock" que empiezan a invadir los USA, los conciertos de rock comenzaron a convertirse en un fijo en el calendario social de la juventud americana. A la par de estos "conciertos", el uso de drogas entre los jóvenes aumentó en proporción. El caos diabólico de ritmos fuertes y discordantes sonidos adormece la mente de los oyentes para ser fácilmente persuadidos a probar el nuevo fármaco sobre la base de que "todo el mundo lo está haciendo." La presión de grupo es un arma muy fuerte. La "nueva cultura" recibió la máxima cobertura de los medios, y no le costó a los conspiradores ni un dólar.

*[1]NOTA: EL LSD NO ES UNA DROGA PSICODÉLICA PARA TOMÁRSELA A RISA O CONSUMIR ESTANDO SOLO, SINO CON LA AYUDA DE UN MÉDICO PROFESIONAL, DE HECHO HAN SIDO PROBADOS LOS BENEFICIOS DEL **LSD** PARA CURAR CIERTAS ENFERMEDADES Y ADICCIONES ENTRE ELLAS, EL ALCOHOLISMO Y LA NEUROSIS, PERO LA INGESTA INCONTROLADA O AL AZAR O SIN LA AYUDA DE UN MÉDICO PUEDE LLEVAR A SITUACIONES CATASTRÓFICAS E INCLUSO CAUSAR LA MUERTE. LA CIA SABÍA QUE DISEMINADA EN EL MERCADO Y A GRANEL IBA A CAUSAR PROBLEMAS A LA JUVENTUD. CUBRIREMOS ESTE TEMA DE LA PARTE POSITIVA DEL LSD Y COMO HA DADO LAS MEJORES PELÍCULAS Y MÚSICA DE LOS 60 Y 70 EN EL SIGUIENTE TOMO.

"El hecho de que "The Beatles" tenían su música y letras escritas para ellos por Theo Adorno se ocultó de la vista pública. Antes, cuando Michael Jackson compró el catálogo de las canciones de los Beatles que pertenecían a la cosecha de Theodor Adorno escribió que era dueño de la mayoría de toda su música y letra."

De la misma manera, el Comité de los 300, (que mandaba en el Instituto Tavistock y coordinado conjuntamentepor jesuitas) utiliza Los Beatles para "popularizar" drogas sociales" entre los jóvenes de América. Ed Sullivan lo pusieron en un vuelo a Inglaterra para familiarizarse con el primer grupo de rock del Instituto Tavistock para arrasar las costas este y oeste de Estados Unidos. Sullivan luego volvió a los Estados Unidos para elaborar la estrategia de los medios de prensa tele y radio en la forma de empaquetar y vender el grupo. Sin la plena cooperación de los medios y Ed Sullivan, en particular, "The Beatles" y su "música" habrían muerto en vida. En cambio, la vida y el carácter de los USA cambiaron para siempre.

Theodor W. Adorno (Tavistock Institute) fue el cerebro detrás de los Beatles "mientras poseía los derechos de la música y, finalmente, vendió esos derechos a Michael Jackson. Adorno, un músico clásico, escribió y arregló la mayor parte de la música y todo estaba filtrado a través de Paul. De hecho, el único músico verdadero en la banda era George Harrison, el guitarrista. John era un poeta que podía tocar acordes y el batería Ringo para marcar los tiempos sencillos de la banda y sus canciones poperas era el mejor. George a menudo se preguntaba por qué nunca quisieron usar sus canciones. Los Beatles fueron presentados al público como un medio para difundir la cultura juvenil que condujo a la difusión de la cultura del '**New Age**' y esto fue todo ello orientado a la creación de una cultura nihilista que es todo lo que vemos hoy. Se llama *"divide y vencerás,"* pero ahora se pone en una "caja de Pandora" completamente diferente si se quiere.

Las cosas nunca son lo que parecen. Eso explica por qué los Beatles se separaron cuando lo hicieron, porque el señor Adorno murió después de escribir la mayoría de las canciones y la música para el álbum **Abbey Road**. La ascensión de los Beatles al peldaño más alto del Panteón del Rock n Roll, desplazando a Elvis Presley y leyendas del rock americano, fue manipulada y desarrollada minuciosamente por la Corona Británica y la inteligencia militar británica, que llevó a los de Liverpool a ser condecorados con la medalla de la orden del Imperio Británico.

En agosto de 1963, en su primera aparición importante de televisión en el London Palladium, el periódico informó que la policía tuvo que contener las "1.000 adolescentes chillando", pero la historia fue fabricada, un **Fake News** de la época. La foto del periódico fue recortada y en realidad se veían sólo las 3 niñas adolescentes gritando y afirmó que eran mil. Un periodista que estaba allí dijo más tarde que había menos de 8 niñas presentes. No hubo "disturbios" por las adolescentes frenéticas. Del mismo modo, la histeria de la "Beatlemanía" fue fabricada en el aeropuerto JFK en febrero de 1964 cuando los Beatles llegaron a los EE.UU. para llevar a cabo el programa de Ed Sullivan. Autobuses llenos de niñas de una escuela del Bronx fueron pagados por los promotores de los Beatles para gritar histéricamente cuando los Beatles se bajaban del avión y entraran en la terminal.

Era un truco publicitario fabricado, pero valió la pena en la puesta en escena del bombazo del Ed Sullivan Show, lo que hizo crear una actitud frenética entre muchos adolescentes americanos y sentó las bases para dar rienda suelta sobre los límites morales.

Esto abrió la puerta para que los niños de familias de clase media "decente" comenzasen a consumir drogas, que es precisamente lo que la inteligencia británica, Tavistock, y la CIA tenían en mente todo el tiempo. Y George Martin el "quinto Beatle" hizo todo los arreglos orquestales con Adorno en posteriores trabajos de los Beatles y bandas británicas que fueron asignados a la Escuela de Frankfurt.

Se movió en la tesis de que los medios de comunicación podrían ser utilizados para inducir "*estados mentales regresivos, la atomización de los individuos y la producción de una mayor responsabilidad*", en otras palabras, la creación de la pasividad al fomentar la alienación como en el adolescente rebelde sin una causa o delincuentes juveniles de punk glorificados en "**Semilla de la maldad**" de 1955.

¿De verdad crees que esas películas cambiaron los medios de comunicación de todo el hemisferio occidental eran sólo productos de algunos productores de Hollywood en la década de los 50 ??? La palabra "adolescente," cómo he dicho, ni siquiera fue utilizada hasta ese momento, y la cultura juvenil nació para romper familias en la altamente opresiva era de la guerra fría de los años 50 después de la Segunda Guerra Mundial, un paso para las agendas Globalistas. Tras el estudio del Instituto Tavistock de psicosis de la guerra, así como el desglose de la personalidad individual, como se describe en:

¿Cómo los británicos usan los soportes para la Guerra Psicológica?: *"A partir de su trabajo, una tesis surgió: A través del uso del terror, el hombre puede ser reducido a un estado infantil y sumiso, en el que se ven empañados sus poderes de la razón, y en el que su respuesta emocional a las diversas situaciones y estímulos pueden llegar a ser predecibles, o en términos Tavistockianos, 'rentable'."*

"Mediante el control de los niveles de ansiedad es posible inducir un estado similar en grandes grupos de personas, cuyo comportamiento puede entonces ser controlado y manipulado por las fuerzas oligárquicas para quien trabaja Tavistock".

Ahí tienes al "*adolescente alienado*" que nunca crece, pegado en su propio pequeño mundo insignificante como un plástico fabricado, "marginado" que nunca crece sin parar en el síndrome de Peter Pan, detenido el desarrollo. Ese es el principio oculto de significado erótico = ECI Cristalización Inercia. La inercia es la resistencia de cualquier objeto físico a un cambio en su estado de movimiento o de reposo, o la tendencia de un objeto a resistir cualquier cambio en su movimiento.

Por lo tanto, el bombardeo a tope de programación mental de la gente después de la Segunda Guerra Mundial con la radio y luego la televisión, además de películas y música a través de esa tecnología, era un asalto a las personas que no saben que se están programando y clonando, incluso los "rebeldes" que se estaban sintiendo "alienados" de la sociedad y sus padres y las viejas ideas... La alienación es parte del divide y vencerás.

Theodor Adorno era muy influyente y más tarde pasó a trabajar para la Corona (los mayores mercaderes de opio y drogas del mundo) y en su cinismo llegó a tener un día de campo con bandas de rock de Tavistock MK y escribir música simple de mal gusto para probar sus conceptos y lo fácil que era clonar gente con mensajes cronometrados y repetidos en la música... El Dr. John Coleman mencionó que la Nobleza Negra favoreció a la banda de la cultura pop The Rolling Stones. Lo que no les dijo fue quiénes controlaban al grupo: el Instituto Tavistock de Relaciones Humanas.

No se menciona aquí, pero los Rolling Stones se crean a partir de la misma fuente y con el mismo propósito. The Beatles se suponía que eran los "buenos", mientras que los Rolling Stones eran los "malos". Además, los Rolling Stones eran expertos en la creación de repetir "riffs", es decir, una frase musical que está en bucle una y otra vez (como en "*Satisfacción*", "*Jumping Jack Flash*", etc.)

John Lennon devuelve
su MBE a la reina...

Estos riffs de repetición disparan la mente y hacen que uno sea receptivo a cualquier sub-mensaje que desea transferir en la mente del oyente. En el caso de los Rolling Stones tenemos mensajes satánicos en sus letras, y que hemos repetido una y otra vez a través de los años (un ejemplo más reciente es el álbum "***Bridge to Babylon***")

Años después se sabe por boca de John Lennon que los Beatles devolverían sus condecoraciones y medallas del Imperio de la Reina, otros le seguirían en su camino al rechazo de este imperio invisible en su devolución o directamente no aceptarlas como el gran genio David Bowie…

"...Miembro con el nombre de Prince Rupert Loewenstein patrocinó 'Sympathy for the Devil' en 1968. Este príncipe era también un miembro de la muy poderosa Sagrada Orden Militar Constantiniana de San Jorge, que está cerca de poder de la Orden Ecuestre del Santo Sepulcro de Jerusalén, ambos con la Orden de Malta."
-John Coleman, ex agente del MI6

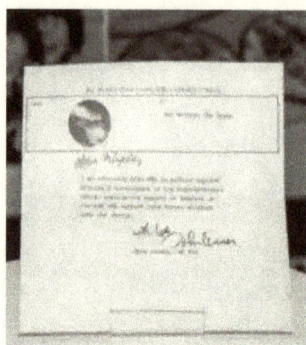

Your Majesty

I am returning this MBE in protest against
Britain's involvement in the Nigeria-Biafra
thing, against our support of America in
Vietnam and against Cold Turkey slipping
down the charts.

with love John Lennon.

John Lennon of Bag

"John Lennon devolvió su MBE a la Reina en este día, como un acto de protesta contra la guerra de Vietnam. El chofer de Lennon Les Anthony devolvió la insignia del premio al palacio de Buckingham por la mañana, entregando cartas manuscritas a la reina, al primer ministro Harold Wilson y al secretario de la cancillería central, explicando sus acciones."

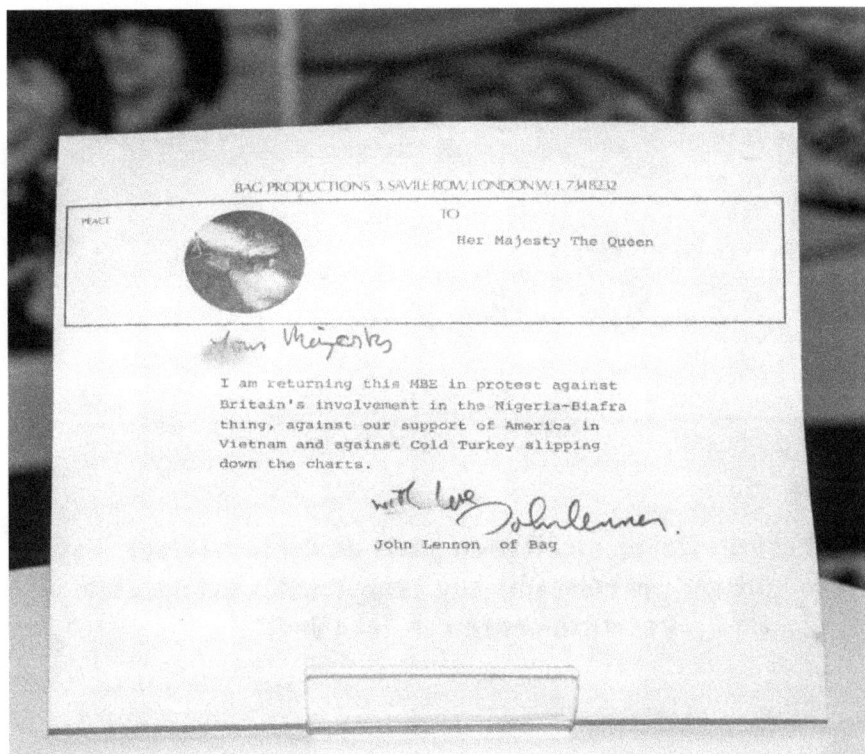

Su Majestad,

Estoy devolviendo mi MBE como una protesta contra la participación de Gran Bretaña en el asunto de Nigeria-Biafra, en contra de nuestro apoyo a América en Vietnam y contra 'Cold Turkey' deslizándose por las listas de ventas.

Con amor. John Lennon de Bag Productions

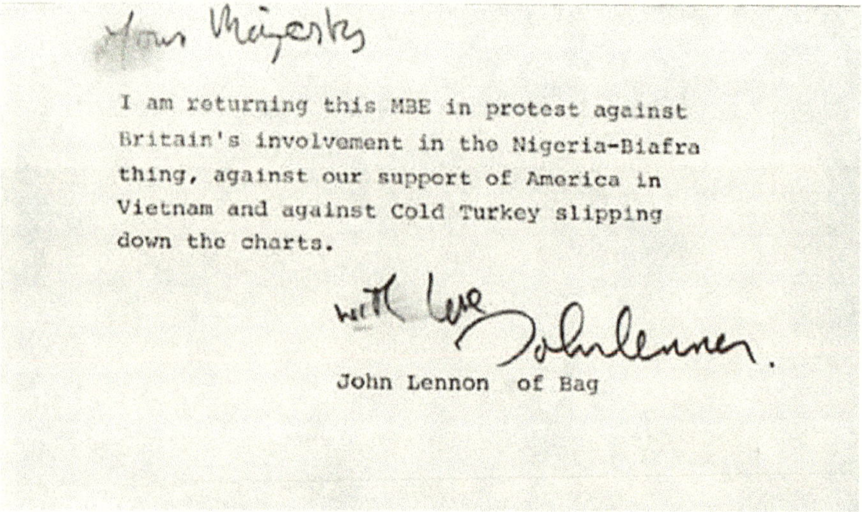

Your Majesty

I am returning this MBE in protest against
Britain's involvement in the Nigeria-Biafra
thing, against our support of America in
Vietnam and against Cold Turkey slipping
down the charts.

with love John Lennon.

John Lennon of Bag

"Las cartas estaban escritas en papel de carta titulado "Bag Productions", la compañía que Lennon había establecido recientemente con Yoko Ono."

LA BATALLA POR EL REGGAE

"los vampiros no vienen más a morderte el cuello, en su lugar causan algo destructivo que suceda para derramar sangre., Y los vampiros invisibles obtendrán su comida..."

-Pete Tosh, 1980

"El dinero no puede comprar vida...."
-Bob Marley, 1980

El Reggae es algo así como
Vivaldi pero con Guitarras y Protestando...

Se dice del reggae que es la música más hermosa del planeta, por sus alegres melodías y amplio contenido espiritual. El reggae es un género musical que se desarrolló por primera vez en Jamaica hacia mediados de los años 1960. Aunque en ocasiones el término se utiliza de modo amplio para referirse a diferentes estilos de música jamaicana, por reggae se entiende en sentido estricto un género musical específico que se originó como desarrollo de otros anteriores como el ska y el rocksteady.

El reggae se caracteriza rítmicamente por un tipo de acentuación del off-beat fuera de tiempo, conocida como skank. Normalmente, el tiempo del reggae es más lento que el del ska y el rocksteady. El reggae suele acentuar el segundo y cuarto pulso de cada compás, y utiliza la guitarra para poner o bien énfasis en el tercer pulso o para mantener el acorde desde el segundo hasta el cuarto. Es generalmente este "tercer beat", tanto por la velocidad como por la utilización de complejas líneas de bajo, lo que diferencia al reggae del rocksteady. The Wailers, una banda formada por Bob Marley, Peter Tosh y Bunny Wailer en 1963, son quizá el grupo más conocido que hizo la transición a través de las tres etapas la primera música popular jamaiquina: ska, rocksteady y reggae. Otros pioneros del reggae incluyen a Prince Buster, Desmond Dekker, Jackie Mittoo y Annie Acosta.

¿Chico mestizo? Marley era hijo de Cedella Booker, una afro-jamaicana de 18 años, y de Norval Marley, blanco de ascendencia inglesa con más de cincuenta años. Aunque Norval ayudaba económicamente a su mujer, rara vez veía a su hijo.

Murió cuando Bob tenía diez años. Marley tuvo que soportar muchas burlas y desprecios por parte de la comunidad negra, conformada por la gran mayoría de jamaicanos. Al ser mitad blanco, era comúnmente discriminado, pero siempre se mostró indiferente a estos insultos.

Marley nació y creció en una granja en Saint Parish Ann, al interior de Jamaica. Al cumplir 12 años se mudó a Trenchtown, en Kingston, la capital del país. Trenchtown se caracteriza por ser un barrio peligroso y pobre, pero al mismo tiempo, bastante musical. La gran mayoría de figuras de la música jamaicana proviene de Trenchtown, y se podría decir que es la cuna del reggae. Los músicos de este barrio fabricaban sus propios instrumentos, y se ponían a tocar en las calles.

Su religión, Jah Rastafari. Marley se convirtió al rastafarismo durante la década de los setenta. Se trata de una ideología espiritual que apareció en los años treinta en Jamaica. Es comúnmente descrita como una religión, pero quienes pertenecen a este movimiento consideran que es una forma de vida, que también implica ser vegetariano. Veneran a 'Jah' como un dios todopoderoso, y al emperador etíope Haille Selassie como al mesías.

Verde, amarillo y rojo. Estos colores característicos del movimiento rastafari eran comúnmente utilizados por el cantante. El verde hace referencia al amor por la tierra y su planta sagrada, la marihuana. El rojo simboliza la sangre derramada por el pueblo africano, y el amarillo significa la luz y la riqueza del continente de África.

Marihuana El uso de esta planta por los **rastafaris** implica un acercamiento a **Jah**. Tiene fines espirituales en quienes profesan este modo de vida, y propicia la búsqueda interna de una conciencia superior. Era común ver a Bob cantando canciones y fumando hierba. Recordemos que en Jamaica su consumo es legal.

Intento de asesinato. El 3 de diciembre de 1976, hombres encapuchados irrumpieron en la casa de Bob Marley y dispararon contra el cantante, su esposa Rita, y su manager Don Taylor. Esto sucedió dos días antes del concierto 'Smile Jamaica', un recital benéfico donde el artista se presentaría para diluir las tensiones entre los dos bandos políticos principales de su país. Pese a quedar mal herido después de este intento de asesinato, Marley se presentó de todas formas y el concierto fue un éxito.

Legado. Marley dejó un legado de 17 álbumnes, entre ellos uno póstumo llamado 'Confrontation'. Además de muchos álbumnes recopilatorios, existen una amplia variedad de películas, documentales y libros sobre la vida del artista. Se calcula que dejó una herencia aproximada de $10 millones de dólares, con la que se pudo fundar la asociación benéfica 'One Love', dedicada a obras de caridad. Esta fundación sigue vigente y ha conseguido más de $1 millón de dólares en donaciones.

Peter Tosh, al igual que Marley era un icono muy influyente de los derechos y libertades civiles, y como otros activistas negros antes de él que fueron asesinados a tiros. Murió en 1987 a la edad de 43 años.

Estaba preocupado de cómo trataban a su gente. Tosh fue a Trench Town a vivir con un tío después de que la tía con la que vivía murió. Allí conoció a un joven Marley y le enseñó a tocar la guitarra. Se juntaron con Bunny Wailer y el trío se llamó Wailin Wailers. Fueron drásticamente mal pagados. Los productores de discos son famosos por embolsarse mucho dinero. (Piratas y ladrones como en la canción de guitarra de Bob). Peter Tosh siempre mostraba sus sentimientos. Le importaban más los principios y la moral que la popularidad y la fama. Dijo una vez: "saben que no apoyo los POLITIQUEOS y juegos mentales, mi deber es unificar a la gente".

Él y Marley tuvieron algunas diferencias musicales y él terminó dejando el grupo, y se fue por su cuenta. Se emplearon tácticas desestabilizadas y la violencia política y el sabotaje, etc. de la CIA con perniciosos intentos de destruir la economía de su país, Jamaica. La nueva arma y la nueva amenaza fue la desestabilización.

Bob Marley se aferró al nombre Wailers y se hizo cargo de los nuevos miembros del grupo. El partido político nacional de los pueblos les pidió que tocaran en el concierto de la sonrisa Jamaica. Este aceptó. En noviembre, un escuadrón de la muerte llegó a la casa de Marley y comenzó a disparar. Le dispararon balas a su manager musical, y uno en la cabeza de Rita, mientras trataba de sacar a sus cinco hijos de la casa. Ellos sobrevivieron. La última bala plegó, digamos, y dejó una marca en el pecho de Marley debajo de su corazón y perforó profundamente su brazo.

Marley cantaba "*Emboscada en la noche, todas las armas apuntándome*". "*Hasta que los regímenes innobles e infelices que ahora mantienen a nuestros hermanos, en Angola, en Mozambique, en servidumbre subhumana, hayan sido derribados y completamente destruidos... en todas partes es la guerra...*"

Carl Colby, hijo del jefe de la CIA Major Colby, llegó al concierto y se hizo pasar por uno de los pipas y regresó al escenario donde le regaló a Marley un par de botas de futbol. El ex Panther afroamericano, Lee Lew-Lee, estaba cerca de Marley y él piensa que el cáncer de Marley comenzó con las botas de futbol que le habían regalado. Dice que había en uno de los tacos cobre pegado a estas suelas, que le dolía el pie cuando lo probó y lo tuvieron que quitar. (Podría haber sido tratado químicamente con una toxina carcinogénica) Marley más tarde se rompió el dedo del pie y se enteró que era cancerígeno, se extendió, no confiaba en la medicina principal y continuó actuando en conciertos.

Sabía que en 1977 se estaba muriendo y tenía poco tiempo de vida en la industria de la música. Un programa de la CIA estaba en marcha en el exótico Caribe vía Kissinger y sus miembros. Había un énfasis en operaciones psicológicas. Que se convirtió en incendios premeditados, perturbación por el asesinato bancario del actual gobierno socialista democrático de Manley. La violencia política fue alimentada y el arsenal de armas suministrado a grupos radicales.

Esto fue todo financiado en su mayoría por las Drogas Duras, lo que interrumpió el movimiento Rasta y el consumo de ocio y medicinal de la marihuana. Querían que se legalizara. Su arma elegida en el Movimiento Rasta fue la libre expresión y fueron crucificados por ella. Tosh fue golpeado y golpeado casi hasta la muerte e hizo su música más vengativa. La policía secreta y la CIA lo ataron todo a través de él. Las violaciones grotescas de los derechos humanos eran comunes.

Marley descubrió que tenía un tumor cerebral. Cantó *"estas canciones de libertad... es todo lo que he tenido, emancípate de la ESCLAVITUD MENTAL."* Se observó frotándose la frente y haciendo muecas mientras actuaba. Una mujer explicó: *"Los láseres ocultos fueron fijados a proyectores sobre el escenario y quemaron su cerebro."* Un compañero Rasta oyó hablar de un médico alternativo en Jamaica, que aconsejó a Marley que hablase éste, Josef Issels, un inmunoterapeuta holístico en un pueblo bávaro. Él fue allí. El Dr. dijo: *"He oído que eres uno de los hombres negros más peligrosos del mundo"*. La carrera médica de Issels no era muy convencional, durante la segunda guerra mundial, él había trabajado de la mano del Dr. Mengele (el ángel de la muerte nazi) investigaciones y ensayos clinicos en la Polonia nazi, en Auschwitz. Los Wailers descubrieron estos detalles después de su muerte.

Issels le dijo a Bob que podía curarlo y realizó procedimientos sádicos que lo dejaron en agonía. Después de las visitas de los Wailers dijo *"él está matando a Bob."* Él también se cortó su melena y las trenzas rasta. Estaba en manos del médico que había sido cómplice de Mengele de terribles experimentos médicos contra lo que ellos consideraban *"subhumanos."*

Su madre dijo que *"él estaba muriéndose de hambre y trastornado, y tenía tembleques, etc" Marley pesaba 40 kgs el día de su muerte."* El fatídico 11 de mayo de 1980 falleció el rey del reggae. (SU MÚSICA VIVE TODAVíA en todos nosotros). Peter Tosh encontró el derramamiento de sangre y la hipocresía de los escuadrones de la muerte y la injusticia en el Tercer Mundo que se hacía insoportable. Pete estaba obsesionado con el mal oculto.

En 1987 el año del asesinato de Tosh los músicos de Jamaica fueron censurados por la política dominante. Testigos y amigos insisten en que su asesinato fue un golpe político. Estaban convencidos de que Tosh fue asesinado por sus declaraciones sobre los derechos humanos, la liberación de los negros y la legalización de la marihuana. Tosh estaba haciendo una pequeña fiesta en casa cuando Mike Robertson, un locutor de radio local abrió la puerta. Leppo Leppan, un viejo amigo de los días de Trenchtown intervino. Detrás de él estaban dos extraños de aspecto normal, asesinos profesionales, que insistieron en hablar con Tosh a punta de pistola. Se dispararon tiros y tres personas murieron. Poco después, el apartamento de la ciudad de Tosh fue ingresado y parece ser que hubo mala practica médica, (como las consecuencias de la muerte de Hendrix).

Dos de los tres asesinos de Tosh siguen en libertad. Se decía que un hombre que dejaron inconsciente en el incidente era un policía, (por supuesto Leppan fue condenado.)

Si crees que las películas Disney son para niños...

Sexo, violencia, machismo, racismo y otros temas están en las películas Disney

¿QUÉ DIABLOS LE ESTÁN ENSEÑANDO A LOS NIÑOS?

"...el tamaño del zapato no importa."
(alusión al órgano sexual)
-Película Frozen , Disney 2013

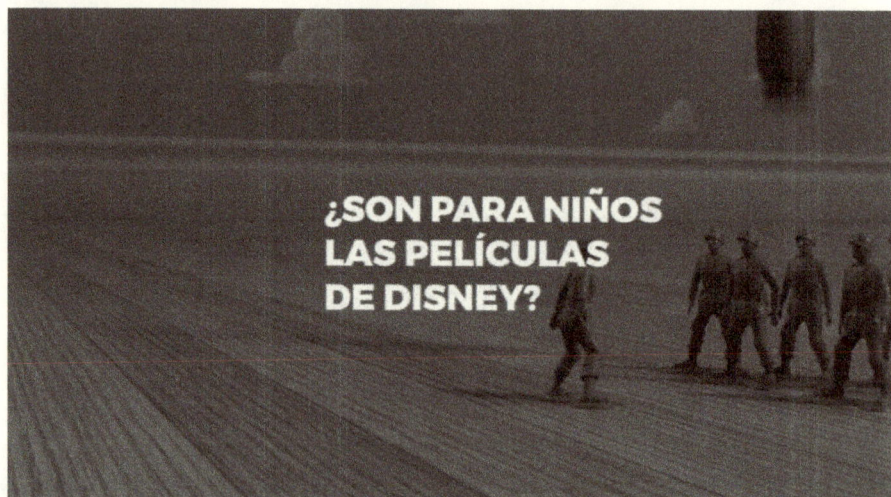

¿SON PARA NIÑOS LAS PELÍCULAS DE DISNEY?

Si miramos a nuestro alrededor, podemos ver la presencia Illuminati en la mayoría de todas las facetas de la industria del entretenimiento, especialmente el entretenimiento orientado hacia los niños. Las películas de Disney clásicas siempre me han fascinado y además a todos nosotros, nuestros padres para que no le diéramos la tabarra cuando éramos niños nos han puesto estas películas a menudo, como premio a nuestro urbanismo o buen comportamiento los fines de semana en los equipos de video que tenían o simplemente nos han llevado a verlas al cine. Pero el hecho de que Hollywood y sobre todo Disney que piensa en la capitalización de sus películas por parte de niños y sus padres para hacer el doble de pasta, hay algo más en estas películas que simplemente hacer pasta y reunir capital para las grandes productoras. A los niños les gustan porque la animación es buena, la historia es divertida y sus personajes enamoran. Pero hay mucho más.

ALGUNAS FRASES E IMÁGENES TIENEN CONNOTACIONES CLARAMENTE PARA ADULTOS

Hay historias duras, con moraleja e incluso con puntos de humor que son para adultos. Que los niños no llegan a captar. Incluso hay escenas que tienen connotaciones sexuales o extremadamente violentas. De esas que, ahora, no se atreven a incluir en productos infantiles. A los adultos, simplemente, les hacen gracia y eso hace que se metan más en la película.

Las películas de Disney tienen un doble sentido a propósito. En títulos como Cars, cuando gana Rayo McQueen y dos adolescentes le abren su "faros" del coche (estos hacen referencia a los pechos de una mujer). Como ves, no nos vamos a La Sirenita o Blancanieves, con todo lo que se ha dicho de ellas. En Ratatouille, cuando el protagonista confiesa que ha mentido un pelín y hace un gesto con los dedos, todos lo identificamos con "la tiene pequeña".

COMO EN 'CARS' DONDE DOS ADOLESCENTES ENESEÑAN SUS "FAROS"

La exitosa película de Frozen, aparte de tener una trama moral, contiene frases como *"el tamaño del zapato no importa"*. Esta tiene una connotación sexual un poco camuflada. Incluso en Del revés hay claras referencias a la cultura gay de San Francisco. Hay muchos casos a lo largo de casi un siglo de producciones. Por eso podemos plantearnos la pregunta de si las películas Disney son para niños. En todas hay lecciones morales y emocionales que las hacen aún más especiales. La película Wall-E tiene una clara referencia al enorme consumismo en el que vivimos. Rapunzel vive un dilema entre sus valores familiares o perseguir su sueño en Enredados. En esta, el propio príncipe deja de entrar en los cánones, por ser un ladrón. Pero no podemos olvidar otro clásico reciente, con las de Toy Story, donde enseñan que el trabajo en equipo es importante para conseguir nuestros objetivos. Así, desde las primeras películas Disney hasta las más recientes, hay muchos mensajes subliminales que aún intentamos descifrar. Solo es cuestión de llegar a la edad adecuada y el conocimiento especifico del ojo que todo lo ve, para darnos cuenta.

FELACIÓN EN LA ESCENA DE TOY STORY 3
PROYECTADA EN LAS SOMBRAS SOBRE EL SUELO
EN LA FOTO 1 ARRIBA

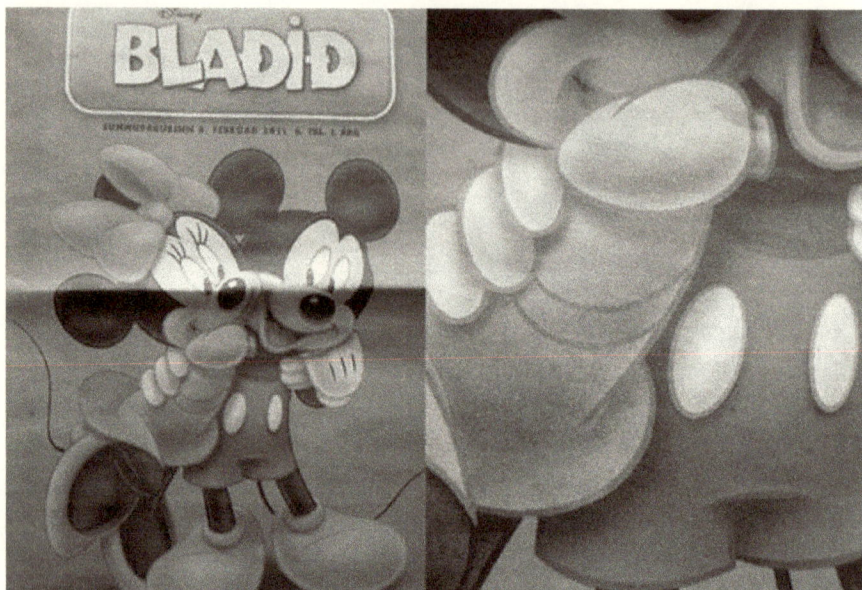

Procedente de las mentes maravillosas que trabajan para Euro-Disney, Bladid, tiene el arte de portada mostrando a Mickey con su mano alrededor de un gran cuerpo azul de pene alias Minnie.
-Mickey Mouse: Bladid, Eurodisney

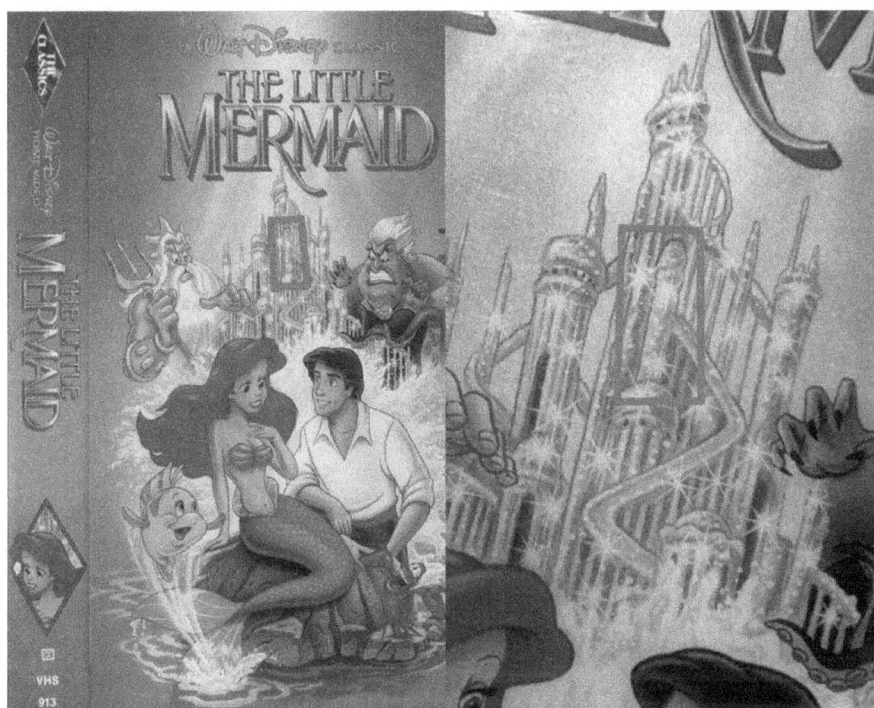

En la cubierta original de VHS de la Sirenita hay un gran pene dorado. El rumor es que el pene fue deliberadamente dibujado como un último acto de desafío por un artista disgustado de Disney que lo iban a despedir. La verdad es que el artista que creó la portada no trabajó para Disney, por lo tanto no era un empleado descontento, y afirma que la torre del pene fue completamente puesta sin darse cuenta.

-La Sirenita, Disney Pictures 90s

Walt Disney • Werner von Braun

La cara oscura de Walt Disney

El maestro de la fantasía aparece como pronazi y chivato del FBI en un nuevo libro en EE UU

Marc Eliot, autor del libro **_Walt Disney: el príncipe negro de Hollywood_**, ha aportado 570 páginas originales del FBI para respaldar sus averiguaciones de que Disney era pro nazi y controlado por el gobierno americano. Estos documentos fueron revisados por el diario The New York Times, que manifestó que no cabía la menor duda sobre su autenticidad. Según el libro Disney, transmitió información al FBI desde 1940 hasta su muerte, en 1966, y fue especialmente activo durante la caza de brujas que en los años de McCarthy dejó desolado el mundo creativo de Hollywood.

Wernher Von Braun en Nevada en un campamento de científicos nazis subvencionado por el militar americano, esvástika en el cartel de la barraca con otros nazis perseguidos por la justicia internacional. Pocos meses después se haría amigo de Disney.

"Walt Disney era un cara dura y dominaba los cerebros de la población "americana", y él lo sabía bien. Con su empresa él está aún dominando los sueños de la gente. Disney se veía como el "rey de América" real lo que se decía a sí mismo y a sus amigos más cercanos. Por ejemplo él rechazaba una candidatura a ser alcalde de Los Ángeles indicando que ya era el "rey""

-Wisnewski, p.76

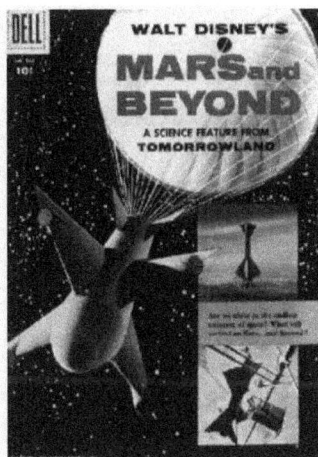

A partir del año 1954 **los dibujos animados con alunizajes de Disney se graban en los cerebros de la población "americana."** Disney produce una series de películas con alunizajes en la luna, p.e. "Hombre y Luna" (orig. inglés: "Man and the Moon"), y el libreto propagandista afirma que un "viaje a la luna" va a ser bien posible con una "nave de cohete" como en la película en un "tiempo imaginable": "*Esa película presenta un viaje realista y crédulo a la luna en una nave espacial, no en una tierra de nada en un distante futuro, pero en un futuro imaginable.*" (En: Wright, Mike: "La colaboración de Disney y Braun, y su influencia respecto a la exploración del espacio" (orig. inglés: "The Disney-von Braun Collaboration and Its Influence on Space Exploration"); Huntsville 1993; Wisnewski, p.75).

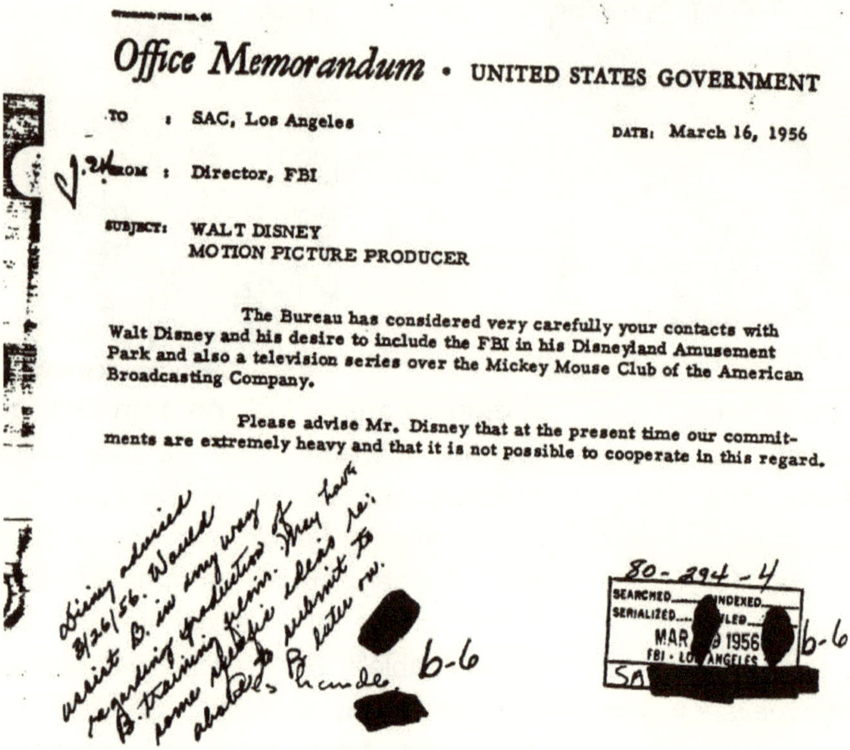

Office Memorandum • UNITED STATES GOVERNMENT

TO : SAC, Los Angeles

DATE: March 16, 1956

FROM : Director, FBI

SUBJECT: WALT DISNEY
MOTION PICTURE PRODUCER

The Bureau has considered very carefully your contacts with Walt Disney and his desire to include the FBI in his Disneyland Amusement Park and also a television series over the Mickey Mouse Club of the American Broadcasting Company.

Please advise Mr. Disney that at the present time our commitments are extremely heavy and that it is not possible to cooperate in this regard.

Disney advised 3/26/56. Would assist B. in any way re: regarding production of training films. They have some specific ideas to submit to B. later on. [redacted]

b-6

80-294-4
SEARCHED ___ INDEXED ___
SERIALIZED ___ [redacted] ___
MAR [redacted] 1956 [redacted]
FBI - [redacted]
[redacted]

b-6

Más películas de Disney son "Hombre en espacio" (orig. inglés: "Man in Space"), y "Marte y más" (orig. inglés: "Mars and Beyond"). Todas esas películas son hechos con una gran cooperación con Braun, Disney, el Pentágono y la industria espacial. Disney es un propagandista muy útil para esos "proyectos espaciales" caros (Wisnewski, p.75).

Walt Disney hacía ver en clave de humor y a través de sus dibujos y merchandizing su colaboración con el FBI

El famoso animador compaginó la creación de películas como *Cenicienta o Blancanieves* con sus actividades con el FBI. Eliot obtuvo la información sobre Disney acudiendo a la protección de la cláusula que permite el acceso público a la información federal, pero no pudo evitar que el FBI le diera los archivos censurados. En las páginas sobre las actividades de Disney aparecen tachados los nombres de las personas a las que denunció como militantes comunistas. Pero Walt Disney no sólo perjudicó a sus compañeros de California, sino que puso al servicio del FBI a sus monigotes para ofrecer una imagen amable sobre sus agentes. El compromiso de Disney era tal, que según el nuevo libro permitió que el director del FBI, J. Edgar Hoover (que ha sido descrito en una reciente biografía como homosexual aficionado al travestismo), censurara algunos de los guiones de películas menores de los estudios Disney.

Walt Disney: The FBI Files

by Richard L. Trethewey

En 1954, Disney fue nombrado agente especial a cargo de contactos, un cargo por el que, ofrecía información y servicios como permitir la entrada gratis a Disneylandia a los agentes del FBI y a sus familias. Disney, que fue presidente de la Asociación para la Preservación de los Ideales Norteamericanos, compartió su ocupación de informador para el FBI con el entonces presidente de la Asociación de Actores, Ronald Reagan. La acusación de nazi está sustentada por el testimonio de un antiguo colaborador de Disney, Arthur Babbit, que manifestó que durante los años treinta vio a su jefe en mítines pronazis. Los defensores de Disney han descalificado a Babbit alegando que además de ser judío fue siempre un firme enemigo del empresario. Los defensores de Walt Disney reconocen que el animador fue amigo del director del FBI, J. Edgar Hoover, y que era un ferviente anticomunista, aunque rechazan de plano que el autor de *Fantasía* fuera un informador del Buró Federal de Investigación. La compañía Disney ha denunciado la biografía cómo "*un intento de sacar provecho a base de ensuciar la memoria de un hombre que llevó felicidad a lo largo de todo el mundo*".

Juegos Illuminati para Niños

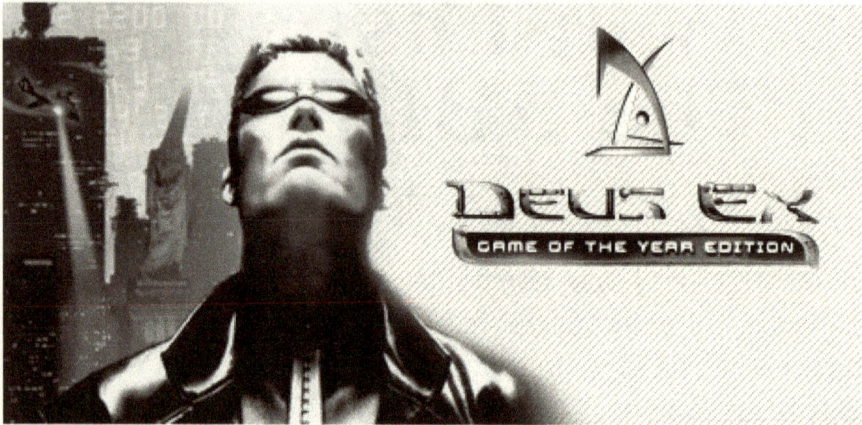

Varios de los juegos de Steve Jackson se basan en los Illuminati: el juego de cartas Illuminati: Nuevo Orden Mundial, y el juego de rol GURPS Illuminati. Videojuegos como Deus Ex, en el que el jugador es un agente de las Naciones Unidas enfrentado a conspiradores que incluyen a los Illuminati, los Illuminati se mantienen vivos por "la imaginación de los creadores de videojuegos y sus jugadores". En el juego de rol Paranoia, los Illuminati son una sociedad tan secreta que todos sus miembros están encubiertos, pretendiendo ser miembros de otra sociedad secreta mientras tratan de influir en sus actividades para un propósito mayor. **Call of Duty Guerra Mundial** también incluye Illuminati en su modo de bonificación de Zombies Nazis.

LIBROS Y TEBEOS ILLUMINATI

La literatura gótica trató el tema de los Illuminati. El **_Cambridge Companion to Gothic Fiction_** decía que los lectores tenían una "_moda escandalosa por los cuentos alemanes de los Illuminati_". Las memorias ilustradas de la escritora Mary Shelley, anti-Illuminati, se atribuyen al entusiasmo de Percy Bysshe Shelley por su influencia en Frankenstein, Zastrozzi y The Assassins en particular, al leer el monstruo como una amalgama de las ideas iluminadas por los Illuminati de Shelley y de los Illuminati mismos. En cartas a William Godwin, Shelley también menciona su afinidad por Paracelsus, Albertus Magnus, y Heinrich Agrippa. En otra carta, esta vez a Leigh Hunt, Shelley fantaseba con los Illuminati. Para combatir la "_coalición de los enemigos de la libertad_", sugiere crear su propia cabala de "_miembros ilustrados y sin prejuicios_". El último golpe de Estado de Shelly fue crear el monstruo en Ingolstadt, en Austria donde los Illuminati habían sido establecidos y fundaron su sede por primera vez. De hecho el profesor Frankenstein no era otro que Adam Weishaupt.

LA CUBIERTA DE LAS EDICIONES ORIGINALES DEL DR. VICTOR
FRANKENSTEIN Y SU PARECIDO CON LA CARA Y PELO LARGO DEL
AUSTRIACO ILLUMINATI ADAM WEISHAUPT SON ASOMBROSOS

FRANKENSTEIN.

The Illuminatus! trilogía de Robert Shea y Robert Anton Wilson es una serie de tres libros de ciencia ficción publicada en los años 70, que es considerado como un clásico de culto en particular en la comunidad de hackers. ¡Una versión incompleta del cómic del Illuminatus! fue producido y publicado por Eye-n-Apple Productions y Rip Off Press entre 1987 y 1991. Robert Anton Wilson también escribió *The Historical Illuminati Chronicles* a principios de la década de 1980, y varios otros libros e historias que hacen uso de ella. *El péndulo de Foucault* de Umberto Eco es una novela laberíntica de 1989 sobre todo tipo de sociedades secretas, incluyendo a los Illuminati y los Rosacruces.

El Héroe de Brown es una versión joven de Jordan Maxwell

Mientras que en los libros de ficción de Dan Brown, plagiados de libros e ideas de autores como Holy Blood Holy Graal y The Matrix de Jordan Maxwell, *El Código Da Vinci* de 2003 es una obra de ficción; Brown hace una cantidad exhaustiva de investigación para asegurar que sus explicaciones y representaciones de la historia y las sociedades antiguas que aparecen en el libro son lo más precisas posible. En su novela, los Illuminati son fundados por Galileo Galilei y otros, como una reacción ilustrada a la persecución por la iglesia católica. Inicialmente estaban basados en Italia, pero huyeron después de que el Vaticano ejecutara a cuatro miembros clave.

En *Ángeles y los Demonios*, los Illuminati se usan como cubierta cuando un Sacerdote diseña una trama para "salvar" al cristianismo. Pretendiendo ser el líder de la moderna sociedad secreta, el Sacerdote compra los servicios de un mercenario, instruyéndole para capturar a los cuatro posibles sucesores del Papado. Los Preferati son torturados y asesinados uno por hora a partir de las 8 de la noche, lo que provoca la detonación de una bomba a medianoche que conduciría a la envolvente Ciudad del Vaticano en una luz cegadora. Irónicamente, se le garantiza al sacerdote que la bomba explotaría lo suficiente como para garantizar la seguridad de la gente. El autor Larry Burkett escribió un libro llamado Los Illuminati, donde "The Society" busca el poder mundial.

CHRISTINA AGUILERA Y
OTRAS CANTANTES ILLUMINATI...

Siempre se ha considerado a Christina Aguilera un NIVEL por encima de la mayoría de cantantes pop, debido al hecho de que ella realmente podía cantar bien. Sin embargo, con el fin de continuar con su éxito, era sólo cuestión de tiempo antes de que ella terminara en el mismo lugar que las estrellas del pop; y otros en el mercado de hoy en día. Todo sobre su último disco está muy contaminado con la agenda de los Illuminati, y el primer single de Christina Aguilera actúa como una pieza de iniciación. Incluso observamos lo del tema de la **mancha negra o black goo**[2], que hablaremos en próximos libros pero que hemos actualizado en videos en nuestro canal y su estelar procedencia. Algunos observadores han acusado a Lady Gaga de una copia mala de Christina Aguilera. Veremos que esta copia es, de hecho, seguir la tendencia forzada de las estrellas del pop.

Christina fue un producto de Disney, una compañía que se ha especializado en el reclutamiento de niños que luego, progresivamente se convierten en bombas sexuales a través de los años (Miley Cyrus a su lado arriba en la foto). Christina formó parte de una prolífica edición especial del Club de Mickey Mouse.

[2] Ref. Black Goo: La mancha negra más peligrosa del mundo y los nanobots.
https://www.youtube.com/colinrivasshow

Siguiendo los pasos de Madonna, Christina y Britney empiezan a formar parte del club de la Cabala de Hollywood.

El espectáculo evidencia la dominación gnóstica de Madonna y su superioridad espiritual y en el terreno de la música sobre otros artistas. Ella en última instancia, pasa el testigo a las dos artistas, Cristina y Britney con ese simbólico beso.

En un tablero de ajedrez masónico, esta actuación simbólica es la iniciación ritual de Britney y Christina en el negocio de la música oculta. La ceremonia comienza con Britney y Christina haciendo su camino por un elemento con forma pirámidal de canto de Madonna "Like a Virgin." La selección de la canción es muy significativa ya que describe la pureza de las cantantes jóvenes y la inocencia antes de la ceremonia, vestida de blanco A continuación, la sacerdotisa que sale, llevaba un traje smoking negro y un sombrero masónico superior.

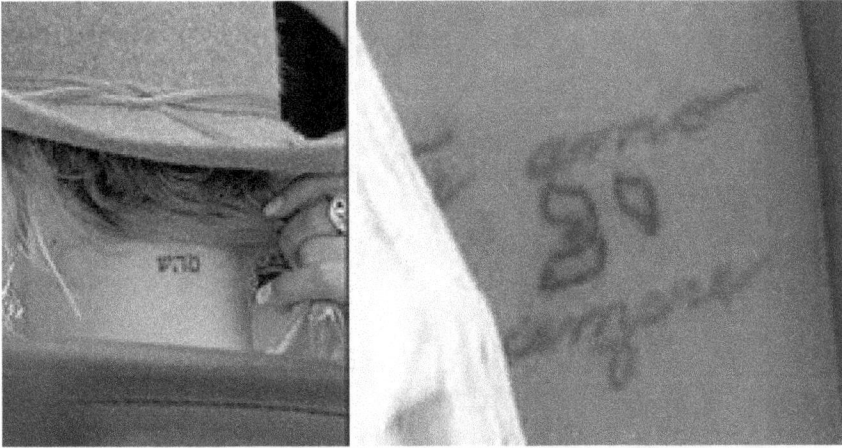

A la izquierda el tatuaje de Britney con las letras hebreas
Mem-Oye-Shin, uno de los 72 nombres de Dios. Esta representa
"la curación". A la derecha el tatuaje de Christina' Aguilera
con Yud y Bet en hebreo, dedicado a su esposo Jordan Bratman.
En los años que siguieron, Cristina siguió el camino de la
obligatoria "sexualización" de los ídolos Illuminati y también
apareció en las obras asociadas a la magia negra y el control
mental. El alfabeto hebreo viene del alfabeto cananita el cual
es una supuesta hologramización o representación en el Cabala
judío de las estrellas del firmamento.

Una sesión de fotos en California con el pentagrama ritual dibujado en el suelo y muñecos desechados.

EL simbolismo de un sólo ojo...casi todos los artistas pop con temas Illuminati en su arte nos dan un flash de un sólo ojo en sus videos o sesiones de fotos. Christina no es una excepción.

Arriba en la foto, la cantante Rihanna luciendo un tatuaje en una actuación de la MTV y los Grammy del fundador de los Illuminati el jesuíta Adam Weishaupt

Su trabajo más reciente incluye la agenda de los Illuminati, aprovechando el tema del transhumanismo. El título del álbum "Bi-on-IC" y "Lotus" tratan de temas de los oculto. El dibujo de su portada es acerca de la fusión del hombre y el robot. La cabeza de Cristina se presenta como un mecanismo programable, un concepto relativo al control mental. Christina como un robot programable (referencia al control de la mente) y el enfoque ahora inevitable en un ojo. Cristina utilizó su talento para hacer carrera en la escena del pop Americano con el álbum de 1999 Christina Aguilera, con una limpia e inocente mirada. Todo cambió en el período 2002-2003 con el lanzamiento del álbum Stripped. En un rendimiento muy simbólico en el 2003 MTV Video Music Awards, Cristina es "consagrada" por la cabalista Gran Sacerdotisa Madonna. Este evento muy publicitado merece una segunda mirada.

Los mismos temas se esperan y requieren de manera generalizada en los éxitos de hoy. La industria define sus propias tendencias y con el fin de tener éxito, los artistas deben seguir estas tendencias y comunicar los mismos mensajes. Christina Aguilera es simplemente una continuación de la agenda de los Illuminati a través de otro artista, por lo que explota sus temas de marcas, tales como el control mental, transhumanismo, la iniciación oculta y así sucesivamente.

"Un niño con nueve años no pinta nada con un móvil"

Mirian Cancela | A Coruña

Se habla en la sociedad de las nuevas adicciones y aunque usamos el sustantivo de adicción en muchas ocasiones no le damos la importancia necesaria. Un abuso de las nuevas tecnologías pueden derivar en una adicción que cambie y condicione por completo nuestra forma de vida. Un problema que afecta sobre todo a adolescentes. Los niños y niñas han nacido con la tecnología alrededor, mientras muchos adultos aún estamos acercándonos a esa realidad y no sabemos cómo afrontarlo. La psicóloga y miembro de Saluspot, Isabel Imbernón explica alguna de las claves para entender estas adicciones.

P- ¿Qué entendemos por adicción psicológica?
R- Son las adicciones que no tienen droga. Son conductas que se repiten, crean hábitos que en principio son muy placenteros para la persona. Se graban en nuestro cerebro, crean conductas repetitivas hasta que se pierde el control. La gente no se da cuenta porque siguen teniendo esa sensación de felicidad. Con las nuevas tecnologías estamos recibiendo tremenda cantidad de estímulos. Los adolescentes tienen un ritmo de vida que va a velocidad de vértigo. Están con juegos, música, whatsapp y muchas veces las tres juntas. En el momento en que se lo dejan les crea muchísima ansiedad y necesitan calmarla con más estimulación porque su cerebro está acostumbrado a toda esa cantidad de ruido. Internet y videojuegos son algo muy bueno. Los videojuegos han incluso aumentado el cociente intelectual en la gente pero lo excesivo es malo. Esto ha irrumpido en nuestras vidas de forma tan rápida que se ha descontrolado. El problemas es que los niños nos llevan ventaja, nacen con ello lo conocen y los adultos que son los que tienen que educar a estos niños no tienen ni idea de lo que es.

P- ¿Este tipo de adicciones tiene el mismo tratamiento?
R- El tratamiento psicológico sería el tratamiento conductual y es el mismo. En adiciones con droga hay además un tratamiento físico que es la desintoxicación. Sea un tipo u otra es adicción y van por los mismos cauces.

P- ¿Cuáles son los signos que alertan sobre una posible adicción?
R- De forma general, cuando una persona está ansiosa y tiene conductas agresivas. También a nivel físico, con problemas gastrointestinales, dolores de cabeza e incluso vértigos. Y sobre todo cuando cambia la forma de ser y se pasan horas muertas, se deja de ver amigos y entablar relación con la familia.

P- Se está dando una psicopatología social en infancia, niños a los que les cuesta relacionarse, ¿por qué sucede?
R- Hoy en día los niños en el colegio y actividades van muy deprisa. No les dejan tiempo para relacionarse con otros niños, relajarse y aprender a jugar. Ahora el niño no tiene esa posibilidad de hacer amigos y necesita buscar algo, internet, whatsapp...

P- Niños de 9- 10 años que tienen un Smartphone, ¿es recomendable?
R- Eso es un error garrafal. Un niño con esa edad tiene que jugar, hacer deporte... Con nueve años no pinta nada con un teléfono. Tiene que saber lo que es que esté una hora al día vigilado por un adulto pero no darle un teléfono y que haga lo que quiera. Los padres no saben actuar y siguen el ritmo de la sociedad.

P- ¿Esto puede derivar en una adicción?
R- Un niño con una buena estructura familiar y que tenga control sobre ese uso va a ser más difícil pero un niño cuyos padres están trabajando y usen el móvil u ordenador sin control, sí. El niño se siente solo, no tiene amigos, no tiene con quien entretenerse y desahogarse y se va a volcar en lo que tiene.

P- ¿Qué consecuencias pueden tener este tipo de adicciones?
R- Pueden surgir problemas físicos, está perdiendo horas de sueño de descanso que son importantísimas para el cerebro y el resto del organismo. Ansiedad, terrores nocturnos, esquizofrenias, epilepsias aparte de falta de atención a estudios.

P- ¿Cuáles son las recomendaciones a seguir?
R- Un uso racional de la tecnología, enseñar a los papás y a los niños cómo se debe utilizar y vigilar a los niños en el uso para ver si tienen algún signo que indique este problema. En el momento en que detectemos este tipo de conductas llevarlo al psicólogo cuanto antes porque será más fácil de solucionar.

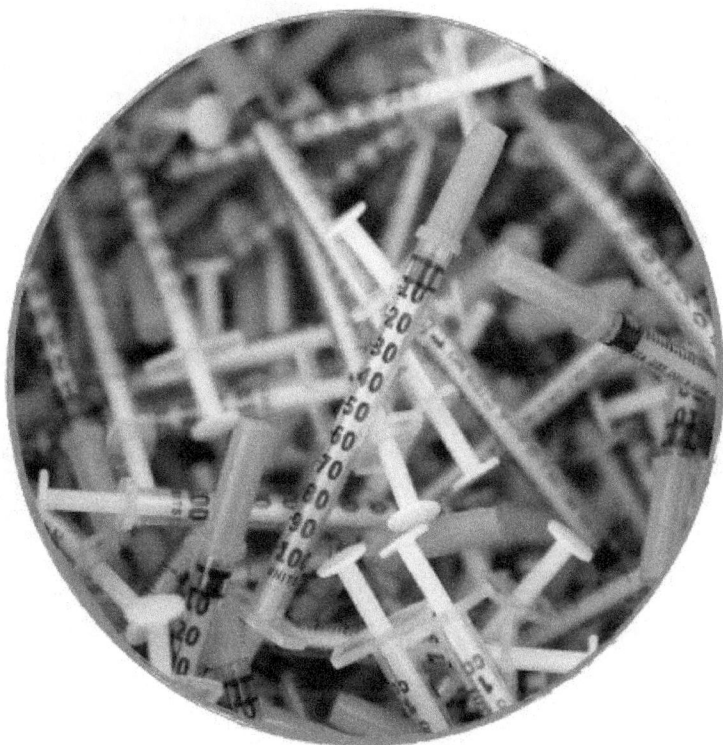

CÓMO LOS ILLUMINATI
PLANEAN USAR DROGAS Y ALCOHOL PARA CONTROLAR AL DÉBIL

"Mientras el establishment se quema..."
-Bob Dylan, 1970 BOOTLEG "Basement Tapes"

En uno de los papeles secretos más importantes del Real Instituto de Asuntos Internacionales, el escenario es el siguiente (en parte): "... habiendo sido fracasado por el cristianismo, y con el crecimiento del desempleo en todos los países occidentales, los que han estado sin trabajo cinco años o más se alejarán de la iglesia y buscarán consuelo en las drogas, es decir, cuando el control total del tráfico de drogas sea logrado para que los gobiernos de todos los países que están bajo nuestra jurisdicción tengan un MONOPOLIO, se controlará a través de la oferta... Las garras de la droga tomarán control del cuidado del indisciplinado y descontento que los posibles revolucionarios se convertirán en adictos inofensivos sin voluntad propia ..."

-Chatham House, home of the Royal Institute of International Affairs, is a worldleading institute for the debate and analysis of international issues.

(Algunas) canciones que
glorifican las drogas
y alcohol...

"Purple Pills," D12 este dúo con Eminem glorifica las drogas. Radicalmente censurado y renombrado "colinas púrpuras"-purple hills- para la radio y MTV, esta pista por Eminem y su hogar D12 homeys es una gran orgía química. Em y la pandilla riman sobre todo, desde drogas comunes en la calle hasta productos farmacéuticos, todo en una vacilante y ociosa pista de acompañamiento que sugiere que cualquiera de los MCs podría desmayarse en cualquier momento. Props a Swifty McVay, también conocido como Swift, por mantenerlo junto el tiempo suficiente para ofrecer esta gema del rap: "Velocidad, shrooms, por los valiums / incluso humo de la mala hierba de los vacíos". **No. 19 en el Hot 100, 4 de agosto de 2001; No. 1 (tres semanas) en Hot Rap Songs, 28 de Julio de 2001**

"Quiero una nueva droga", Huey Lewis

Una cosa sobre las drogas: Son pésimas con efectos secundarios. En esta mullida melodía del pop-rock, Huey busca una nueva sustancia, que no lo convierta en un ansioso zombi de boca seca que no puede dejar de hablar. "*Uno que me hace sentir como si estuviera contigo*", canta a la dama de su vida. Si está buscando algo que no va a meterse con su cuerpo y mente, el amor podría no ser la receta que necesita. **No. 6 en Hot 100, 24 marzo 1984**

Alcohol

*"Alkaholik" by Xzibit
*"Blame it" by Jamie Fox, Chris H. & T. Pain
*"Bottle Poppin" by Yung Joc Feat. Gorilla Zoe
*"Bottoms Up" by Kottonmouth Kings
*"Caribou Lou" by Tech N9ne
*"Crazy Rap" by Afroman
*"Do It Fluid" by Lil Wyte
*"Drunk In The Club" By Kingspade
*"Factotum" By Louis Logic
*"Get Some Crunk In Your System" by Trillville
*"Gin & Juice" by Snoop Dogg
*"Grey Goose" by Ying Yang Twins
*"Half Empty" by Big B
*"Hennessey & Hydro" by Three 6 Mafia

LSD/Setas/Alucinógenos

*"Acid" by Esham
*"Acid" by Lil Wyte
*"Mushrooms" by Mausberg
*"Shrooms" by Xzibit
*"My Fault" by Eminem

Cocaina

*"A Bird In The Hand" by Ice Cube
*"Addiction" by Kanye West
*"Cocaine Dreams" by 50 Cent

"Lucy en el cielo con diamantes", LUCY IN THE SKY WITH DIAMONDS The Beatles

No se necesita un *"Paul está muerto"*, del teórico de la conspiración para detectar las pistas, para notar el "LSD" incrustado en el título de esta canción. Mientras los Beatles estaban experimentando con psicodélicos en la época del Sargento Pepper's Lonely Hearts Club Band, John Lennon siempre afirmó que nombró esta melodía con relación a un dibujo que su hijo Julián hizo en la guardería. La historia es comprobable, pero no cancela las imágenes super-drogadictas de Alicia en el país de las maravillas ("cielos de la mermelada," ojos del caleidoscopio, etc.) Y hay otra coincidencia increíble en la historia de Beatles: La versión de los Beatles no salía durante la pista inicial y el album americano. **No. 23, Rock Digital Songs, 4 diciembre de 2010**

Marihuana

*"2 Joints" by South Park Mexican

*"2 Times and Pass" by Mac Dre

*"4-2-0" by Kottonmouth Kings

*"A Million and 1 Buddah Spots" by Redman

*"Acid Raindrops" by People Under The Stairs

*"All About The Weed" by Kottonmouth Kings

*"America's Most Blunted" by Madvillain

*"Crank That Weezy Wee" by Lil Wayne Feat. Young **Money**

*"Crunch-N-Munch" by Mike Jones

*"Dirt Slang" by Kottonmouth Kings

*"Dr. Greenthumb" by Cypress Hill

*"Doobie Ashtray" by Devin the Dude

*"Dope Game" by SPM

*"Bammer Weed" by RBL Posse

*"Because I Got High" by Afroman

*"I'm So Hi" by Three 6 Mafia

*"Blow Treez" by Redman feat. Method Man

*"Boodah Break" by Redman

*"Buddah Lovaz" by Bone Thugs N Harmony

*"Bud Smokers Only" by Bone Thugs N Harmony

*"Burn" by Militia

*"Busted In The Hood" by Cypress Hill

*"Cali Dro" by Birdman Feat. Lil Wayne

*"Can Anybody Hear Me?" by Kottonmouth Kings

*"Collie Weed" by Barrington Levy

*"Elevate My Mind" by DJ Bobby B Feat. D-Loc

*"High so High" by SPM

*"High Society" by Kottonmouth Kings

*"High Til I Die" by 2Pac

*"Hit It" by Project Pat

*"Hits From The Bong" by Cypress Hill

*"How to Roll a Blunt" by Redman

"rayas blancas (no, no lo hagas)", Grandmaster Flash
Un ejemplo temprano del hip-hop fue abordar temas sociales, **"White Lines"** es acerca de los malos momentos que tendrás que pasar con la coca. Mientras Melle Mell golpea a las drogas con su inimitable bramido de la vieja escuela, la coca-cola te dejará enganchado, te dejará roto, y te dejará en las rejas, a menos que seas un respetable hombre de negocios blanco, dicen. Entonces probablemente te darán una bofetada en la cara. **No. 9 en Dance Club Songs, 12 de noviembre de 1983; No. 47 en Hot R & B / Hip-Hop Songs, 26 de noviembre de 1983**

"Verdadera Fe", Nuevo Orden, cómo el nombre indica un grupo del establishment alias Tavistock institute. Bernard Sumner nunca se metió en la heroína, pero cuando escribió este clásico de synth-pop de 1987, el líder de New Order intentó imaginar la vida de un drogadicto. "Me siento tan extraordinario", canta para comenzar la canción, "algo me tiene a mí." No suena malo hasta que llega a los bits de estar estropeado, fuera de tiempo, y completamente despreocupado con si parece mañana. Por lo menos este buzzkill viene con un ritmo impresionante. **No. 3 en Dance Club Songs, 3 de octubre de 1987; No. 32 en Hot 100, 26 diciembre 1987**

Más de drogas

*"Hydro" by Twiztid featuring Layzie Bone

*"Hydro Luv" by Baby Beesh

*"I must be high" by SPM

*"I Need An Eighth" by Mac Dre

*"I Wanna Get High" by Cypress Hill

*"King's Blend" by Kottonmouth Kings

"Rainy Day Woman" Bob Dylan

Deja a Bob Dylan convertir una broma tonta en una pequeña canción bastante significativa. Todo depende del doble sentido de "stoned"-apedreado o con mono de droga en inglés, y como Bob detalla las muchas maneras en que el mundo te golpea con las rocas por ser simplemente tú mismo, parece sugerir que es una forma de hacer frente al mundo o sino está provocando la droga algo malo. **No. 2 en Hot 100, 21 mayo 1966**

"Viaje al centro de la mente", The Amboy Dukes

¡Las drogas son malas dice Ted! Lo creas o no, ese es el conservador activista extraordinario Ted Nugent tocando la guitarra principal en este clásico del psych-rock de 1968. Aunque es difícil imaginar al Ted de hoy de pie detrás de letras como "tomar un paseo a la tierra dentro de tu mente", la melodía tiene suficiente poder para volar la mente de incluso el más firme supuesto luchador antidrogas. **No. 16 Top Hot 100, 24 agosto, 1968**

Multiples Drogas

*"Toy Soldiers," by Martika

*"Mary Jane's Last Dance," by Tom Petty & The Heartbreakers

*"Cocaine" by Eric Clapton

*"I Don't Like the Drugs (But the Drugs Like Me)," by Marilyn Manson

*"Adrenaline Rush" by Twista

*"Bong Tokin' Alchoholics" by
Kottonmouth Kings (Marijuana AND
Alcohol)

*"Drug Ballad" by Eminem (casi todas las drogas van en esta pack)

THE CHANGING TONE OF RAP MUSIC

A million magic crystals, painted pure and white
A multi-million dollars almost overnight
Twice as sweet as sugar, twice as bitter as salt
And if you get hooked, baby, it's nobody else's fault, so don't do it!
Grandmaster Melle Mel and the Furious Five - White Lines (1983)

I got mushrooms, I got acid, I got tabs and aspirin tablets
I'm your brother when you need, some good weed to set you free
You know me, I'm your friend, when you need a minithin [a stimulant]

(I'm Slim Shady..) I'm Shady!!
Enimem - I'm Shady (1999)

En 1983 en white lines d Melle Mel decían ¡No lo hagas! en 1999 Eminem en I´m shady dice : ¡Es mi amiga!

Por ejemplo, la música rap ha pasado de ser una forma de arte que en gran medida advirtió contra los peligros del abuso de sustancias ilegales, a ser uno que a menudo glorifica el uso de drogas ilegales, según el primer estudio sistemático de ciencias sociales del género que abarca casi dos décadas. El estudio se publica en la edición de abril de 2008 de Addiction Research & Theory, una revista científica revisada por padres… "*Los artistas de rap son modelos a seguir para la juventud de la nación. Muchos jóvenes están ya en riesgo y necesitan recibir mensajes positivos.*"

De las 38 canciones más populares entre 1979 y 1984, sólo cuatro, o el 11%, contenían referencias de drogas. A finales de los ochenta ése número había aumentado al 19%. Los números siguieron aumentando, y el 69% de las canciones de rap después de 1993 mencionan el consumo de drogas.

Mail Online

How rap music has gone from condemning drug use to glorifying it

By DAVID DERBYSHIRE
Last updated at 00:57 02 April 2008

The number of drug references in rap music has risen sixfold since the genre revolutionised pop music.

Researchers who analysed the lyrics of hundreds of songs say rap has been transformed from one which warned against the dangers of drug abuse to one that routinely glorifies it.

And because many of the references are coded, many parents are unaware what their children are listening to.

En este artículo del MailOnline menciona justamente lo que comento arriba
" !La musica rap de condenar las drogas a glorifiarlas!"

Antes de que Lil 'Wayne y Birdman los cazaran besándose, este tipo de espectáculo público de afecto entre hombres negros rectos era inaudito en Hip Hop. Conocí a muchos millonarios de "cash" (así se conocían en ese momento) hace varios años, en un B.E.T. grabando en 106 y Park cuando todavía estaban filmandolo en Harlem. Incluso salían por el centro de la Royalton Hotel (o puede haber sido el Pierre). Lo sé por un hecho basado en las conversaciones que tuvimos durante ese tiempo que estos tipos eran gángsters, prostitutas y caballeros, pero definitivamente no estaban afiliados con los Illuminati; al menos no entonces.

Birdman usó sus conexiones (que podrían haber sido Illuminati) para alargar el contrato de Wayne y convenció a Universal Records (definitivamente Illuminati) para que Wayne obtuviera un nuevo acuerdo de grabación por muchos millones de dolares. Como parte de esa negociación Wayne se convirtió en presidente de Cash Money Records y CEO de Young Money Entertainment.

Puede parecer incrédulo, pero ciertos artistas son utilizados por los Illuminati sin su conocimiento o consentimiento.

Es por eso que creo que Lil 'Wayne (arriba foto) fue sentenciado a servir un año en prisión por posesión de armas de fuego derivada de una detención de 2007. A los Illuminati no les gusta cuando los artistas suben a la cima y luego amenazan con actuar independientemente (sin órdenes). Por lo tanto, los poderes decidieron que tenía que ser humillado y recordarle quienes están en el cargo.

Muchos artistas han vendido sus almas para convertirse en parte de las sociedades secretas que dirigen el negocio del entretenimiento porque aman el dinero y la fama más que sus fans. Los artistas elegidos han permitido que los demonios que trabajan a través de los llamados "Iluminados" los usen como peones para ayudarles a tener poder sobre las masas a través de su música e imágenes y manifiestan abiertamente su solidaridad.

El modelo de Jay-Z para la fama

En 1989, a los 19 años, Jay-Z se unió al rapero Jaz-O para grabar una canción llamada "The Originators", que le ganó al duo una aparición en un episodio de **Yo!** MTV Raps. Aunque el primer CD de Jay pasó sin pena ni gloria, la gente realmente se dio cuenta de su segundo esfuerzo. Un poligonero al estilo Americano negro de la calle, que desarrolló una base de fans a través de su música, discográfica y línea de ropa. Entonces, tan pronto como llegó a tener exito comienza a llamarse **J-Hova**... como en ¿**Jehová**? Cortó con el socio de negocios y buen amigo Dame Dash, le dio la espalda a Foxy Brown y Amil ambos con quien colaboró en varias pistas, y se convirtió en un magnate de los negocios.

Podría estar equivocado, pero la última vez que lo comprobé, Jay no tenía un título o carrera universitaria de negocios. ¿Había logrado su fortuna a causa de la fanfarronería de su bufón, o alguien le estaba aconsejando por el camino? Si es así, ¿quién era esa persona, y esa persona pertenecía a los Illuminati? ¿Jay vendió su alma para ganar riqueza, fama y poder? Fíjate cómo Roc-a-fella suena mucho como Rockefeller. Jay-Z llama obviamente su etiqueta Roc-a-fella en tributo a la familia de Rockefeller.

"Esta conexión ha llevado a muchos a considerar que Jay-Z es de hecho una parte de este grupo. Con el tiempo, los rumores han ido un paso más allá al sugerir que de hecho adora a Satanás. Como prueba, muchos apuntan a sus letras como la de "Empire State of Mind" que dice: "Jesús no puede salvarte, la vida empieza cuando la iglesia termina."

Muchos han señalado que el simbolo de "Roc-afella" de Jay-Z es similar al del ojo que todo lo ve. El signo de Roc que Jay-Z representa la pirámide y proviene de la mitología egipcia y es una referencia directa al Ojo de Horus. Horus es una deidad egipcia que perdió su ojo derecho mientras se vengaban contra Set por la muerte de su padre Osiris de quien se suponía que era su reencarnación. Conforme pasaba el tiempo, los rumores llegaron a su esposa, Beyonce. Ella misma admite que su alter ego "Sasha Fierce" es en realidad su ser poseído por un espíritu. En esta foto se ve a Beyonce llevando una placa de metal con la cara de Baphomet, un símbolo de los Illuminati y lo que muchos creen que es la imagen de Satanás mismo. Es también la imagen icónica utilizada por la Iglesia de Satanás.

Cuando Beyonce primero entró en escena con Destiny's Child, era obvio que tenía algo de talento. Trabajó duro para destacarse y fue ayudada por el camino por el manipulador de su padre. Mientras con Destiny's Child, Beyonce conoció a Jay-Z, colaboraron y de repente, ¡Boom! fueron pareja. Beyonce se aventuró con su propio proyecto en solitario, y un dúo con Jay-Z llamado Crazy In Love. Se convirtió en un éxito instantáneo, pero también selló el ataúd en las carreras de los otros miembros de Destiny's Child. Esto plantea otra pregunta... Si Crazy In Love se hubiera caído, ¿Destiny's Child aún estarían juntas?

Asumimos que Beyonce cree en Dios porque se crió en las Iglesias de gospel y bautistas con sus padres y porque ella lo ha dicho. Incluso la hemos visto en la iglesia, pero ¿podría ser posible que adore al diablo? Hágase estas preguntas: ¿Por qué entonces Beyonce llevaba joyería de Baphomet? ¿Por qué Jay-Z nombra a su compañía como un demonio Illuminati?

Por otra parte, sabemos que Beyonce y Aaliyah eran amigas durante el tiempo en que Aaliyah y Jay-Z salían juntos. Esto era ANTES de que Beyonce comenzara a salir con Jay-Z y antes de que Aaliyah se viniera con Dame Dash. Aaliyah se dice que es la razón detrás de Jay y Dame estaban perdiendo fuelle y perdiendo fans. Beyonce hizo amistad con Aaliyah para acercarse a Jay. En ese momento, Beyonce seguía con Destiny's Child y acababan de lanzar su primer álbum.

Aaliyah murió en 2001 durante la filmación de la "Reina de los Condenados"... ¿Coincidencia? En el momento de su muerte le encontraron documentos que indicaba que iba a casarse con Dame Dash, tenía un CD de éxito y estaba a punto de ser la estrella protagonista en las restantes películas de Matrix que la habría impulsado a la estratosfera del éxito de la cultura pop de hollywood. En su camino de regreso de rodar el video de "Rock The Boat", el avión en el que iba se estrelló, y se mató. Los aviones caen todos los días, ¿verdad? Las cosas no siempre son lo que parecen. ¿Podría Jay haber intentado que Aaliyah se uniera a su sociedad? ¿Se negó Aaliyah? ¿Esta sociedad eliminó la mayor competencia de Beyonce, dejando a Beyonce en su lugar?

Jay-Z se desmarcó y desmintió públicamente y muchos de los zombies fans de JZ aceptan esta declaración como la verdad y se niegan a creer que su artista querido está en una fraternidad satánica, que fue iniciada por el mismisimo Klu Klux Klan en America. Amil, primera dama de Rock-a-fella y ex protegida de Jay Z, elaboró en su canción, "Quarrels" (de su álbum de 2000, All Money Is Legal) sobre cómo el Nuevo orden Mundial juega un papel en nuestra sociedad. ¿Nos están insinuando algo?

QUARRELS
I see your eye watching me
on the dollar bills
Like how you gonna rule the
nations under one religion
You got this New World Order, it's like
a big prison."(Edited)

RIÑAS
Veo tu ojo que me observa
en los billetes de dólar
Como tu vas a gobernar las
naciones bajo una religión
Tienes este Nuevo Orden Mundial, es como
una gran prisión ". (Editado)

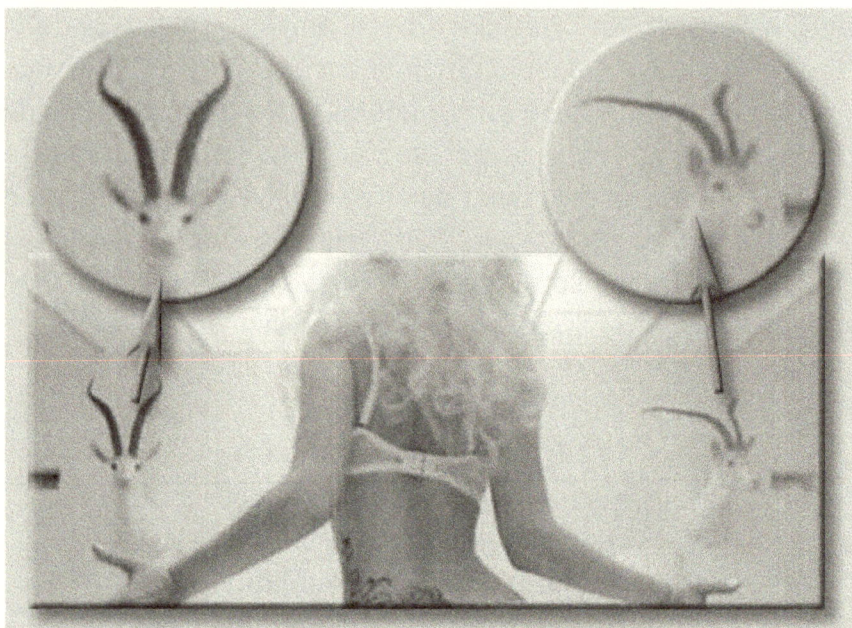

Lady Gaga que asistió al prestigioso Convento del Sagrado Corazón (la misma escuela a la que asistió Caroline Kennedy) ha sido una marioneta de los Illuminati desde que entró en escena. En muchas de sus videos, o bien esconde un ojo o lo rodea, enfatizando la idea del Ojo que todo lo ve. Lady GaGa se ha visto con cuernos, y la cabeza de Baphomet ha aparecido en su video ***Bad Romance***. (Nota: el director de los videos Paparazzi y Teléfono ha sido fotografiada usando una camisa con la cara de Baphomet). El management de Gaga está a cargo de Akon.

Rihanna fue atraída por el club illuminati después de lanzar videos como "Umbrella", "Disturbia" y "Run This Town", por lo que si ella no estaba todavía en el club, ahora es una mujer poseída, y parece parte del culto. Chris Brown frecuentemente muestra signos de lo que parece posesión demoníaca. Nuestras fuentes nos aconsejan que los Video Music Awards 2009 (VMAs) fueron un gran rito satánico, que incluyó una oración al diablo y con Taylor Swift iniciada a los Illuminati también.

La muerte prematura de decenas de artistas en las últimas décadas ha dejado al mundo carente de talento natural. Muchas de estas muertes de celebridades son el resultado directo de los Illuminati. ¿Por qué? Porque las celebridades son cortejadas basadas en su atractivo universal e influencia.

La Mala educación de Lauryn Hill

Los artistas que se niegan a utilizar dicha "apelación" e "influencia" para promover la agenda de los Illuminati pueden ser marcadas de muerte o destruidas de otra manera. Cualquier persona, celebridad u otros que representen una amenaza para la agenda de los Illuminati está marcada con la muerte. Esta es la razón por la que creo que Lauryn Hill se alejó de un cheque en blanco... en el apogeo de una carrera increíble. Lauryn tuvo el lanzamiento de segundo año más esperado en toda la industria de la música y ésta se alejó de todo en un desorden mental y comenzó a buscar la guía de un líder espiritual para seguir un camino más transcendental y menos materialista.

¿Quién trabaja tan duro cómo ella y los Fugees que hicieron lo que hicieron para llegar a donde llegaron a nivel internacional y luego simplemente se aleja de ser una superestrella y renegar de una riqueza y fama fabulosa? Lauryn sabía sin hablar que estas personas son muy poderosas y no quería meterse en un lío.

Los illuminati avisan a veces no necesariamente van a saco a la primera, el ejemplo es el cantante / rapero senegalés Akon (manager de Lady Gaga) que recibió un disparo en el hombro durante un tiroteo que mató a su manager Robert Montanez.

Su CD **Konvicted** está dedicado a Montanez. Considerando su cuenta bancaria (Él se metió en la Lista Forbes de los artistas más ricos); Akon está o bien trabajando activamente para los Illuminati o autorizado por ellos. Parece que Akon también es un reclutador de Illuminati (Gaga, Keri Hilson, etc.) que fue reclutado por R. Kelly.

El cómico, **David Chappelle**, un activista anti illuminati lo desacreditaron y lo hicieron parecer como si estuviera loco cuando de hecho, rechazó la oferta de Viacom (Comedy Central, la casa matriz propiedad del multimillonario Sumner Redstone que es de la vieja escuela Illuminati) y un contrato de $ 55 millones para la producción de dos o más temporadas del espectáculo de Chappelle, ya que a Chappelle no le gustaba la dirección que estaba tomando el espectáculo. Viacom es también el padre de BET e incluso se refiere a él como "socialmente irresponsable". En mayo de 2005, Chappelle abandonó abruptamente la producción de la temporada 3 del espectáculo y se fue a África. Y otros actores y comediantes negros de Hollywood como Martin Lawrence (Bad Boys con Will Smith), Katt Williams y el fallecido Richard Pryor, Charlie Barnett, Robin Harris, Bernie Mac, John Belushi y Sam Kinison.

(Kinison era un predicador pentecostal antes de que él comenzara a hacer comedia "de adultos") y muchos otros que no venderían su alma a los illuminati; han destruido sus carreras, mentes o vidas por no participar en esta agenda demoníaca. Un espíritu maligno llamado "**Slim Shady**", según su single, "3 a.m", posee a Eminem. El video es muy claro sobre la cuestión de la posesión. En el video, Em consigue ser poseído y usado por espíritus malignos para ir a matar a personas a las tres de la mañana (por ejemplo, "3 a.m."), el momento en que los demonios tienen más poder. Este concepto de 3 a.m. también puede verse en la película "**El exorcismo de Emily Rose**" basada en una historia real. Los fans de Eminem ven a esta marioneta y muchos quieren ser como él, cuando claramente se ve que no se entera o esta bajo hypnosis permanente de los illuminati. (Arriba mariposas en la almohada de la programacion Monarch)

En una reciente entrevista a un experto de más de 50 años estudiando símbolos y sociedades secretas, el autor e investigador norteamericano Jordan Maxwell nos comentaba lo siguiente:

"¿Eres consciente de que he estado hablando con algunos médicos de Los Ángeles que han estado investigando esto?, y me parece absolutamente fascinante que muchas de las pandillas, los latinos y las pandillas negras de las principales ciudades de América. Sus grafitis que están rociando en edificios, sus grafiti son en realidad emblemas masónicos y sellos y símbolos masónicos, y he visto toda una colección que tienen estos médicos.

GUERRA DE PANDILLAS
RAPPERS A MERCED DE LOS ILLUMINATI

Estos son médicos, pero están interesados en este tema, y han estado recolectando cientos de imágenes de grafiti y mostrando la investigación de las antiguas sociedades secretas, y no hay manera de que estas bandas negras y latinas puedan conocer estos símbolos." "Definitivamente hay una conexión entre las pandillas y algún tipo de una mente más alta y orquestada detrás de la guerra que se desarrolla entre las pandillas. No creo que esas pandillas hayan nacido por casualidad."

"Creo que se han nutrido, orquestado, promovido e incluso financiado. Quiero decir, si lo piensas, cómo esas pandillas tienen dinero para viajar por todas partes, pueden comprar armas, pueden vagar por ahí, no tienen que trabajar... ¿de dónde sacan su dinero?" "Bueno, no sólo eso, pero su ocupación principal es... ¡es el caos!... el negocio de las drogas... ¡Por supuesto!... y fomentando el caos, la confusión y el miedo. Correcto."

PREGUNTA: Y no tienen el fondo de la comprensión, aprendiendo a armar el tipo de red logística que se necesitaría para alimentar este tipo de una empresa. *Absolutamente.*

PREGUNTA: Por lo tanto, alguien con un montón de dinero, una gran cantidad de organización, una capacidad absoluta para proporcionar protección al 100% es el suministro de estas gangs de la ciudad... *"No es la mafia. Puedes apostar por ello. (risas) Esta es una organización muy sofisticada y totalmente protegida. Absolutamente.*

"De hecho, el San Francisco Chronicle tenía 2 páginas completas en uno de sus periódicos que todavía guardo, donde estaban diciendo de cómo el gobierno federal estaba importando drogas de Asia durante la Guerra de Vietnam en los cuerpos de los soldados estadounidenses que estaban siendo asesinados en Vietnam y que llevaban bolsas de heroína pura y narcóticos puros de Asia en los cuerpos de un militar estadounidense."

PREGUNTA: ¿Y qué estaban haciendo con él?

"Se lo pasaban directamente a la mafia, porque la mafia está haciendo un pequeño truco para el gobierno... se encarga de los negocios del gobierno, y por eso tienen que ser compensados económicamente con esto."

PREGUNTA: ¿Bueno, vamos a aclarar Jordan una cosa aquí. No es el gobierno...? *"Bueno, es... son las sociedades secretas... operando detrás de nuestro gobierno."* **¡Eso es¡**

El artista de rap **Tupac Shakur** fue asesinado a tiros en un semáforo en Las Vegas en 1996. Es evidente la estrategia policial de la desinformación, la ignorancia de los testigos y la presencia de agentes encubiertos de Los Angeles y NY PD en el asesinato del rapero Notorious Big también. Esto sugiere que ambos raperos fueron asesinados por escuadrones de la muerte bajo la sanción de oficiales federales. El padre de Tupac dijo: *"Estaba claro para mí, desde el primer día, que la policía de Las Vegas nunca tuvo ningún interés en resolver el caso del asesinato de mi hijo."* Se dijo que *"tratamos extensamente con asuntos de COINTELPRO (FBI) alrededor de un montón de presos políticos y el movimiento de liberación negro a lo largo de los años. Esto influenció a Tupac en la persona que era. Su familia operaba el "Centro de Supervivencia Negro."*

Tenían un grupo de jóvenes llamado "The New African Panthers" y Tupac se convirtió en el presidente de la misma." La agonía de la industria del Rap fue exacerbada en marzo de 1997 al matar a los 24 años al veterano artista de rap de Brooklyn Notorious B.I.G. en L.A. Esto sucedió después de que él hubiera asistido a los premios anuales de la música del "tren del alma", por un pistolero no identificado.

El padre de Tupac dijo en una carta (extracto) que "*sabemos que el Hermano Biggie era parte de una industria que ha sido atacada por la más alta forma de funcionarios gubernamentales*". "*Ellos se han dirigido a Tupac, a la Hermana Souljah e IceT Ice Cube, por nombrar sólo algunos, según se informa, debido al contenido de las letras.*" Si "*este fue el caso ¿por qué los devotos (Ellos adoran abiertamente al diablo en un llamado país temeroso de Dios). Sus letras predican el caos, la destrucción, la muerte a los padres, e incluso al gobierno, mientras que nuestros seres queridos del rapero querían explicar su dolor e identificar de donde vinieron, con esperanzas de un mañana mejor, si todas las cosas fueran justas.*"

"*Creemos que la historia ha demostrado que los asesinatos de personas negras (jóvenes y mayores) que pueden tener un impacto profundo, aquellos que se niegan a arrodillarse, han sido del gobierno en su más alto nivel.*" Cito textualmente.

Lo que debemos entender es que nuestros guerreros son necesarios cuando se ha demostrado más allá de la contradicción que la C.I.A. fueron los principales importadores de Crack y Cocaina en los barrios negros, con leyes de drogas descaradamente racistas, para poner en movimiento tácticas de genocidio para destruir o encerrar a nuestros hermanos y hermanas para el resto de sus vidas. Presta atención a este complejo juego de ajedrez que se está jugando en / contra de la gente ¡BUSCA LA VERDAD! No mires quién les disparó, pero ¿por qué? No te dejes engañar por los medios de comunicación que nunca han mostrado una preocupación real por nuestro bienestar. La imputación del DR. Mutulu Shakur de que la policía secreta mató a su hijastro, y al famoso Notorious B.I.G. es cada vez más factible.

En 1997 el cantante australiano Michael Hutchence fue encontrado colgado a un marco de la puerta. Él también era un activista, que quería daba parte de su fortuna a Amnistía Internacional y el Partido Verde. Lo encontraron en el Ritz-Carleton en Sydney Australia. Los medios de comunicación inventaron escenas de SM pero fue encontrado con una mano rota y laceraciones y había sido golpeado. Sus amigos dijeron que no estaba deprimido y estaba en contra del suicidio. Había rumores de que la "Mafia" estaba involucrada en sus inversiones posiblemente desconocidas para él. Murió sin dinero debido a inversiones y fideicomisos y su familia tuvo que luchar por su dinero y herencia. Conocía a Gianni Versace, famoso diseñador que fue asesinado a tiros, y también se dijo que posiblemente era una mafia involucrada, aunque lo negó con enojo. (Un pájaro de luto muerto fue encontrado al lado del cuerpo de Versace, un símbolo de un hombre sin suerte).

Diana Spencer, la princesa de Gales, y un mes antes de su propia muerte asistieron al funeral de Versace. Como sucedió a otro amigo de Hutchence fue Dodi Fayed, alguien dijo tener vínculos con la mafia. El tío de Dodi era el traficante de armas Adnan Khashoggi del Iran-Contra. Dodi y Diana murieron en un accidente automovilístico cuatro meses antes de que Hutchence muriera.

LA PROFUNDA POLÍTICA DE LA MÚSICA

Roger Bunn director de la Industria Musical, Human Rights Assoc. (MIHRA), en el Reino Unido vive en el ojo de la bestia de la música corporativa. Estos son extractos de las letras de Bunn: "Re: M. Hutchence..." así que eso es todo, ¿eh? ¿Muerte por colgar? Es raro que... incluso para la industria de la música. Aquellos maravillosos artistas destacados realmente iluminan el cielo de vez en cuando. Tal vez deberíamos considerar convertir a los pobres queridos en una especie en peligro de extinción. Cuando alcanzan su pico, probablemente significa que vale más para los conglomerados muertos que para vivir. Piense en que la próxima vez que vaya a comprar su conglomerado primitivo / música folclórica, o una película conocida... agrega fuerza al monopolio del cártel. La industria musical invierte más de 120 mil millones de dólares al año. En la industria de la música no hay tal cosa como la competencia real." "*La industria de la música es la industria más rica del planeta, al proporcionar al público un marketing de falsos dioses e ídolos*"

DISCIPULOS Y AMIGOS DE ALEISTER CROWLEY

WICCA

SAMAEL AON WEOR
IGLESIA GNOSTICA

ANTON SZANDOR LAVEY
IGLESIA DE SATAN

JACK PARSONS

CIENCIOLOGIA
DIANETICA

"Por sus frutos los conocerán. ¿Acaso se recogen uvas de los espinos, o higos de los cardos? Del mismo modo, todo árbol bueno da fruto bueno, pero el árbol malo da fruto malo. Un árbol bueno no puede dar fruto malo, y un árbol malo no puede dar fruto bueno."

-Mateo 7:16-21

EL INTERNET
¿LO CONTROLAN LOS ILLUMINATI?

"Un buen investigador podría escribir un libro sobre cosas que no puedes encontrar en EL INTERNET."

- Maggie Stiefvater, Linger

Personalmente, siento que si tu necesitas saber lo que estoy haciendo cada minuto del día, entonces tendrías que vivir conmigo, no acosando me online. Esto me lleva pensar que ... webs de redes sociales ... ¿quién, qué y por qué se creó esta tecnología obviamente idiota?

Instagram, Facebook (CiA profile base), MySpace, Amazon (CiA database), Youtube, GoogleStore, Twitter, Tag, Eros, Backpage, Tumblr, Black Planet, Media Takeout, Match, Lava Life y todas estas otras redes sociales se promueven como algo inofensivo y divertido cuando realmente son un método de alta tecnología para vigilar la vida de las personas y además sexualizar prematuramente y mostrar temas de adultos que nuestros hijos y niños no tenían acceso antes jugando en el patio del recreo.

La invasión de la privacidad, aprobada por los gobiernos iluminati, ayuda a fabricar las noticias –fake news- y a controlar la opinión pública. A través de estos sitios, los Illuminati saben de lo que están hablando y cuán efectiva es su propaganda. Basados en masas de datos, los Illuminati pueden alterar la información basada en la geografía, etnia, grupo de edad y empujar cualquier ángulo pertinente a sus objetivos de completa supremacía tecnocrática.

Por ejemplo, las cosas en Facebook pueden usarse para adaptar cualquier tipo de guerra psicológica que los Illuminati quieran utilizer a su antojo y beneficio. Hay varios usuarios que tienen diferentes perfiles, nombres y fotos, pero son de hecho, la misma persona y troles, incluso se utilizan agentes o miembros de fraternidades satánicas (covens en inglés), a veces disfrazadas de foto de perfil de hadas o angeles etc... como cubierta para hacerse amigo de alguien online, vigilar si disiente con la ideas convencionales o desacreditarlo.

"La gente ya no quiere privacidad. Facebook está controlando la norma social. Por favor, mantenerse al día con las normas sociales, la sociedad lo exige..."
- Mark Zuckerberg, fundador de Facebook y futuro candidato a presidente de los EEUU

Estos son también "títeres" Illuminati que se crean (perfiles falsos) para llamar la atención de la gente de los problemas reales mediante la publicación de retórica mundana o preguntas idiotas. Otra frase son las comunicaciones estratégicas; una gran cantidad de enlaces a la Nueva Orden Mundial usan este término para la guerra psicológica.

Mark Zuckerberg, fundador de Facebook y futuro candidato demócrata a president de los EEUU dice que la privacidad ya no se considera una norma. Él dijo, "*La gente ya no quiere privacidad. Facebook está controlando la norma social. Por favor, mantenerse al día con las normas sociales, la sociedad lo exige.*"

Hay alguien que se hace pasar bajo el nombre de **Twitter The_Illuminati** que sigue a alguien que menciona Illuminati en un tweet. Siempre dicen: *"Ahora estamos supervisando su actividad"*. ¿No me crees? Menciónalos en un Tweet. Los escépticos podrían argumentar que este es sólo un *friki* de la informática que configura un macro y un filtro para supervisar Twitter e insertar esa frase, sólo por diversión de ver a la gente ponerse nerviosa. Lo dudo, ya que me parece que implicaría el pasarse demasiado tiempo y esfuerzo delante del ordenador sólo para una broma de mal gusto.

Un poco de historia del Internet...

Antes de que existiese el Internet, los Illuminati no tenían el poder de aprovechar todos sus deseos para crear una tiranía. Toda tiranía ha sido derribada antes por la necesidad de que la gente fuese libre. El dominio digital, que sólo ha existido en los últimos 50 años, proporciona ahora a los Illuminati la capacidad de hacer lo que siempre han querido hacer. Y ahora pueden hacerlo en secreto. La primera descripción registrada de las interacciones sociales que podrían ser permitidas a través de redes fue una serie de memorandos escritos por J.C.R. Licklider (definitivamente Illuminati) del MIT en agosto de 1962 discutiendo su concepto de "Red Galáctica."

"Google puede darte 10.000 respuestas. Un bibliotecario puede darte el libro exacto que buscas.."

-Neil Gaiman

Preveía un conjunto interconectado de ordenadores a través del cual todos podían acceder rápidamente a datos y programas desde cualquier sitio. En espíritu, el concepto era muy parecido al Internet de hoy. Licklider fue el primer jefe del programa de investigación en computadoras de DARPA. Mientras que en DARPA convenció a sus sucesores, Ivan Sutherland, Bob Taylor, y al investigador de MIT Lawrence G. Roberts, (todos Illuminati) de la importancia de este nuevo concepto del establecimiento de una red global digital.

Por otro lado, el billonario **Bill Gates**, fundador de Microsoft, es uno de los mega ricos de América y Microsoft es la corporación de software más grande del mundo. Sin embargo, recientemente se anunció que Gates había comprado acciones para controlar los negocios de **Steve Jobs** de Apple Computers. Cosa que no le gustó nada a un anarco-capitalista, vegano y amante de lo innovador y la empresa libre. Incluso Google se infiltró en Apple, a lo cual la respuesta de Jobs fue despedir a todos los espías y abogados que se habían instalado en Apple, incluído **Eric Schmidt** de Google. Jobs le advirtió: *"Quiero que dejes de usar mis ideas en Android, eso es todo lo que quiero, sois unos ladrones."* Steve Jobs sabía que le habian **robado** partes de su Nuevo sistema IOS, aún sin haber sido lanzado alias **Android**. El software global de Microsoft y la superioridad de Internet se intensificarán y se expandirán. Interesante notar que fue el padre de Gates quien ayudó a fundar Planned Parenthood que fue diseñado para promover entre otras cosas el aborto y el genocidio. Gates está también detrás de las experimentaciones de vacunas en africanos con la excusa de que estas ayudaran a los pobres y hambrientos niños africanos.

El actor Michael Caine interpreta al espía cockney Harry Palmer -no otro que J.C.R. Licklider- en la película de 1967 "Billion Dollar Brain". Una computadora de Honeywell, como la que usó el equipo de UCLA para conectarse a ARPANET, es la base de un enorme conjunto de películas en Pinewood Studio

En los cuarteles generales de Apple en Cupertino y círculos más internos y familiares a él se sospecha que fue envenenado por agentes de CIA-Google. Steve Jobs (aunque no el humano más perfecto, y menos ciudadano modelo) era un buen hombre y ferviente promotor del mercado libre y del capitalismo más conservador (ganar mucho pero no demasiado según promulgaba en varias entrevistas entre ellas en 60 minutes America 2002) y la eliminación de los impuestos, del welfare americano para gente perezosa y aumentar los incentivos a trabajadores y traer las fabricas deslocalizadas en Asia de vuelta a EEUU. Obama tuvo varios enfrentamientos y discrepancias con Jobs en dos entrevistas diferentes, el cuál era de corte libertario y pro-constitucional.

Apple fue co-fundada en los años 70 por Stephen Jobs y Steven Wozniak, dos gurús de la Nueva Era y defensores de la cultura de la Era Acuariana. Cuando Jobs y Wozniak comercializaron por primera vez su MAC personal más rudimentario, pusieron un precio de $666 en el producto. !$666! ¿Fue esta una coincidencia o fue a propósito?

Steve Jobs by Walter Isaacson

Steve Jobs by Walter Isaacson

"Voy a invertir hasta mi último suspiro de vida si hace falta, y gastaré hasta el último centavo de la cuenta de Apple con 40.000 millones de dólares en el banco para corregir este error. Voy a destruir Android, porque ese producto es un robo. Estoy dispuesto a ir a una guerra termonuclear"

-Walter Isaacson, JOBS BIOGRAPHY

A continuación se presenta una historia del **César III**, un programa de software diseñado para controlar las poblaciones a través de sitios de redes sociales. Este software coge toda tu información personal y la pone en una base de datos.

Caesar I - software para la estructura organizativa de los centros de mando. (Circa 1980s) César II - un conjunto de herramientas para apoyar a los centros de mando. (Circa 1990s)

Caesar III (circa 2001) tiene en cuenta que los sitios de redes sociales como Facebook, MySpace, Twitter y todas estas otras redes sociales están incluyendo toda nuestra información en sus sistemas. César III entonces crea escenarios populares en los que la gente es probable que entre y se registre. Es más probable que haya más de un programa y a que cada programa se alimenta del otro. Estos programas tienen muchos nombres, red artificial (también conocido como inteligencia artificial), Big Brother, y así sucesivamente. Sin embargo, estos sistemas globales de tipo cerebral son esencialmente iguales... software de control y monitoreo gubernamental que comprueba el perfil, la vulnerabilidad y la accesibilidad de su red y luego lo introduce en sus bases de control para usarlos posteriormente. El resultado final es que quien necesita saber su información la obtendrá.

¿Podemos considerar primero, el por qué de la elección de Apple
Computers para su logo de un símbolo corporativo que es una
manzana mordida? Para muchos miembros de lo oculto, esto
significa comer de la fruta prohibida del Edén (la manzana) de
Adán y Eva. Algo que tiene que ver con el conocimiento. El
ocultismo enseña que morder la manzana dio a nuestros primeros
padres conocimientos humanos poniéndolos en el camino hacia la
divinidad. El logo de Apple también tiene los colores de los 7
chakras de la cultura oriental de curación y ascensión.

Un precursor de este programa es **Oasis**, (Opinion Analysis System). Oasis analiza de manera precisa y rápida de cómo cambia el nivel de opinión, es decir, la reacción a ciertos eventos con el fin de acceder a lo que los próximos pasos deben ser. Se basa en los campos de información, generando automáticamente la intensidad media de la evaluación humana y asocia ciertos datos cuantitativos. Recupera datos de 38 fuentes de noticias. A veces se usan palabras clave. Esta infraestructura de vigilancia del gobierno les permite localizar a personas de todo el mundo interesadas en hechos reales como la investigación de guerra biológica y si parecen estar descubriendo demasiado (como la existencia de armas biológicas como el virus H1N1 o El SIDA que son viruses que se escapan de laboratorios y después renombrados para el public como un virus normal ya conocido que a veces ni mata); y se los eliminan en silencio.

¿Sabías que existen actualmente flotas aéreas no tripuladas (drones) que pueden atacar en cualquier lugar? El gobierno no le importa lo que la opinión pública piense sobre la guerra. Estas armas de guerra computarizadas se establecen para participar de manera autónoma, sin que sea necesaria la participación humana. El ordenador realiza todas las funciones. Una vez que se elimina el elemento humano, cualquier persona, incluso un niño, como una máquina no tiene corazón ni conciencia.

Con las cámaras y la vigilancia tecnológica ahora aceptable, todo lo demás de alta tecnología pronto se convierte en aceptable también. Internet permite a los Illuminati monitorear las mayores amenazas a la agenda de la élite politica de la realeza mundial.

911 un trabajo interno del gobierno secreto hecho con un simple superprograma informático y una supercomputadora, hasta las escenas en vivo eran "fake news" alimentadas a la prensa internacional a través de este sofisticado programa

Lo que me lleva a **Pitak**, otro software diseñado por la misma empresa que hizo César III. es el sucesor del "promise software" utilizado por la Administración Federal de Aviación (FAA) y el Departamento de Defensa a través del Sistema de Información de Defensa para llevar a cabo 911 bajo la premisa de tener un mejor control dentro de la FAA, (toda la información contenida en los documentos que puedes descargar de la página web de la FAA) para una mejor gestión del control del tráfico aéreo.

Pitak permitió a la organización mundial del crimen obtener un control masivo a través de la manipulación de la tecnología que causó el sistema espacial nacional a vulnerar las medidas de seguridad que deberían haber sido ejecutadas para evitar que los aviones se estrellasen en primer lugar en New York. Este "superordenador" anuló las decisiones de cualquier persona que tenía la autoridad para detenerlo y por lo tanto contribuyó en gran medida a la tragedia del 911.

Cualquier persona que publique un perfil online necesita estar al tanto de los problemas de seguridad (Illuminati) con los sitios de redes sociales. Es interesante que hagamos grandes esfuerzos para enseñar a nuestros hijos sobre la seguridad en Internet, pero a menudo olvidamos que estos mismos principios se aplican también a los adultos. Si deseas mantener a los Illuminati fuera de tu vida, una buena estrategia es nunca poner nada en tu perfil en un sitio de redes sociales que no quieres, ya que es de dominio público común. Las opciones de medios sociales cómo Instagram, Gowalla y Foursquare existen casi por completo para informar dónde están ubicadas las personas o negocios (un excelente recurso para los ladrones). Se trata de aplicaciones de redes sociales basadas en la localización que permiten a las personas hacer el check-in para que otros sepan en qué café, sitio u otro lugar se encuentran actualmente.

Por eso Steve Jobs comentó en un foro de "**macrumors**" antes de morir que era importante para aquellos que se quisiesen mantenerse anónimos el desactivar en ajustes la localización para apps a no ser que fuese imprescindible el usar el geolocalizador. Muchas de las actualizaciones de los usuarios de Instagram, Google+ y Fourquare se publican en Facebook o Twitter, dejando que más gente sepa dónde están o, peor aún, dónde no lo están. Estos son sitios agregados que recopilan estos datos en una lista potencial de objetivos **chorizos** -delincuentes- una práctica común en ladrones de hoy en día.

Mientras que algunos los sitios de internet son útiles para reunir y dar una plataforma libre a la gente en el ciberespacio, todavía uno necesita estar al tanto de las posibles implicaciones. Pero si tu DEBES continuar (adicción) utilizando estos sitios; entonces recuerda que esta es la única vez que "lo real" no cuenta.

EL ENIGMA DE LA FIBRA ÓPTICA...

Podemos observar como en los últimos años se ha empezado a hablar con más frecuencia de la fibra óptica en nuestras conexiones de internet. En España, actualmente, Telefónica de España está llevando acabo el despliegue de FTTH, y ONO, R, Vodafone ofrecen internet de alta velocidad a través de su red híbrida, y además, en Galicia, Asturias, País Vasco hay otras compañias que ofrecen sus servicios a traves de fibra óptica. Pero realmente sabemos muy poco de cómo comenzó la fibra óptica a utilizarse, no sabemos ni de dónde procede ni donde se encuentran sus orígenes. La historia dice que por arte de magia, en 1966 unos científicos (¿¿?? No se sabe quien) propusieron una guía óptica para la comunicación. Ya que era para el uso de las comunicaciones a través de láser.

Con su mejor amigo de la infancia, Arthur "Spud" Melin, Knerr
comenzó la compañía de juguetes de plástico de la nada
curiosamente en 1948 en Pasadena, cerca de donde residían
científicos como Jack Parson del JPL. Se juntaron con el piloto de
la Fuerza Aérea Fred Morrison y ex de la base 51 que lanzó el Pluto
Platter-Frisbee por su obsesión con los aliens y los OVNIS.
Compraron los derechos, lo modificaron y lo cambiaron de nombre
Frisbee antes de lanzarlo en 1958.

El origen de la fibra óptica es muy reciente en la historia. En 1977 se instaló un sistema de prueba en Inglaterra. En cuestión de dos años, la producción era en cantidades masivas. Desde este punto se sabe que han hecho pruebas y experimentos para mejorarla. Pero aqui se pierde el rastro. Huele a military e interés en controlar este tema escabroso y escurridizo.

Alternativamente, multitud de investigadores están convencidos de que el Gobierno norteamericano lleva recuperando en secreto naves extraterrestre siniestradas o derribadas en una supuesta Guerra en el espacio secreto Illuminati desde más allá de la antiguedad, y que el estudio de estos restos o intercambio de tecnología con civilizaciones de otros mundos ha podido originar grandes y sorprendentes descubrimientos científicos, como el plástico, la fibra óptica, microchip, drones y semiconductores entre otros y hasta juguetes como el frisbie y el hoola hoop. Busca en google quien posee las patentes de estos mencionados inventos arriba y versa que pertenecen a personas del gobierno o allegados al military desde pilotos hasta senadores o ex congresitas forman parte de esta lista selecta de patentes e inventos de provenencia dudosa.

Desde hace décadas, exmilitares, científicos y ufólogos han señalado que los servicios secretos y algunas empresas privadas de EE UU han desarrollado en la clandestinidad multitud de avances científicos a raíz del análisis de los restos del OVNI estrellados en nuestro planeta. Sin embargo, aunque algunos de estos logros han trascendido a la opinión pública, otros —por su importancia— siguen ocultos de miradas indiscretas.

Un ejemplo es el de Bill McBrazel, hijo del ranchero William, quien descubrió los materiales dispersados por el Rancho Foster, después de un estruendo y un revuelo de militares posterior a este ruido y habló en una ocasión del sorprendente hallazgo de su padre del siguiente modo: «*Se trataba de algo parecido al papel de estaño, sólo que no se rompía. Uno podía arrugarlo y doblarlo e inmediatamente recuperaba su forma original. Era flexible, pero no lográbamos plegarlo como el metal común. Parecía un plástico, pero definitivamente era metálico. Mi padre me contó una vez que los militares le revelaron que no había sido fabricado por nosotros. Destacaba también un material filiforme: parecía seda, aunque no lo era, sino un material muy fuerte, sin hebras o fibras como tendría la seda. Semejaba más un alambre, una sustancia de una sola pieza.*» ¿No está este granjero paleto de los años 50 describiendo la **fibra óptica** que hoy utilizamos para comunicaciones y el internet?

Arriba foto un corso veinteañero recibiendo una condecoración por su servicio a la Air Force.

The day after Roswell "El día después de Roswell" es un libro relacionado con el incidente OVNI de Roswell. Fue escrito por el coronel Philip J. Corso en los 80 (entonces ya retirado del Ejército de los EEUU), con la ayuda o colaboración del conocido William J. Birnes. El libro afirma que Corso habría sido asignado a un programa gubernamental secreto que proveía a la industria privada de algunos elementos de tecnología avanzada un OVNI supuestamente siniestrado y recuperado por la Air Force, y productos como el plástico, los rayos láser, los semiconductores y microchips, las gafas de visión nocturna y la fibra óptica provenían de tecnología alien.

-The day after Roswell, Philip J. Corso & W. Birnes 1997

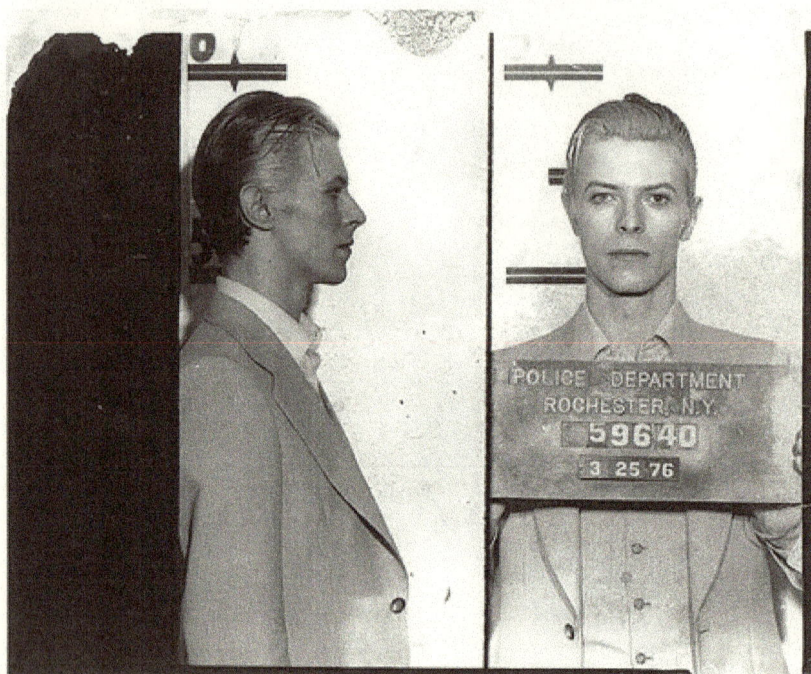

"Hubo un tiempo en que los cantantes de rock nos creímos dioses y pensábamos que íbamos a poder cambiar el mundo".
-David Bowie 1988

666
LA MARCA DE LA BESTIA

"He sido acusado de ser un "mago negro." No fueron hechas declaraciones mas tontas acerca de mi. Yo a pesar del objeto para tal y extendido que puedo difícilmente creer en la existencia de gente tan degradada e idiota como para practicarla."

-Aleister Crowley

En ocasiones escuchamos una canción con un ritmo o letra muy "pegadiza" o que no se puede ir de la cabeza. Está como incrustada en nuestro subconsciente igual que la música de supermercados o de anuncios e imágenes subliminales, que aunque no nos damos cuenta a simple vista, funciona de maravilla para los que nos venden productos en nuestro subconsciente. Estas piezas necesariamente no tienen que tener calidad musical. La tenemos en la cabeza la mayor parte del dia, aun cuando lo que escuchemos, en ocasiones, es incoherente, obsceno o estúpido.

Estas canciones permanecen durante semanas o meses enteros en el TOP 40 y lo más alto de los super ventas musicales y en los airplay de difusion de las radios y teles y ahora en internet, cuando otras que pueden tener una calidad musical excepcional o no llegan a los medios de prensa o desaparecen casi de inmediato. Un ejemplo claro es el jazz, el blues o la música clásica que rara vez llegan a tener éxito en la radio de los 40 principales o **TOP 100** de música popular de EEUU, cuando sabemos que son piezas en su mayoría escritas y arregladas por verdaderos músicos y genios de la música.

▲	✓	Name		Time	Artist	Album
1	✓	Lost Without U	⊙	4:14	Robin Thicke	The Evolution of Ro.
2	✓	A Long Walk		4:41	Jill Scott	Who is Jill Scott? W...
3	✓	Shooter	EXPLICIT	4:35	Lil Wayne	Tha Carter II
4	✓	Nothing Even Matters		5:51	Lauryn Hill	The Miseducation...
5	✓	Fly Like A Bird		3:54	Mariah Carey	The Emancipation...
6	✓	If I Have My Way		4:03	Chrisette Michele	I Am
7	✓	I Can Change		5:01	John Legend	Get Lifted
8	✓	Butterflies (remix)		3:45	Michael Jackson	
9	✓	I'm Going Down		3:42	Mary J. Blige	My Life
10	✓	Quickie		3:46	Miguel	All I Want Is You
11 ◁	✓	Anytime	⊙	4:33	Brian McKnight	Anytime
12	✓	On & On [Clean Version]		3:50	Erykah Badu	On & On [Single]
13	✓	Anytime Anyplace		7:08	Janet Jackson	Janet
14	✓	We Need a Resolution		4:07	Aaliyah	Aaliyah
15	✓	Until The End Of Time		5:23	Justin Timberlake	FutureSex / LoveSo...
16	✓	Ex-Factor		5:27	Lauryn Hill	The Miseducation...
17	✓	So High (Cloud 9 Remix)		3:52	John Legend	Get Lifted
18	✓	Mine Again		4:02	Mariah Carey	The Emancipation...
19	✓	Love Is You		3:17	Chrisette Michele	I Am
20	✓	I Should've Cheated		5:28	Keyshia Cole	The Way It Is
21	✓	Weak		4:47	SWV	
22	✓	I Get Lonely		5:18	Janet Jackson	Velvet Rope
23	✓	Real Love		4:33	Mary J. Blige	What's the 411?
24	✓	Free Yourself (feat. Missy Elliot)		4:17	Fantasia	Free Yourself
25	✓	More Than A Woman		3:52	Aaliyah	Aaliyah

El universo musical digital parece haber desbancado al modelo de la TV y Radio tradicional, pero los gustos parecen ser los mismos como indica la lista iTunes de arriba. Aunque iTunes Apple en Cupertino tienen editores con experiencia musical: Cuando he tenido la ocasión de hablar con ellos del tema, me decían que a pesar de darles bajos ratings en la editorial de Apple y su festival, no se explicaban como ciertas pistas llegan a ser tan populares y se descargan con tanta asiduidad en su tienda de iTunes Music...

UN POCO DE HISTORIA DE LA MÚSICA...

¿POR QUÉ PASA ESTO ENTONCES? ¿QUÉ FORMULA MÁGICA UTILIZAN PARA TENER ÉXITO? ¿Y PORQUÉ NO PASA LO MISMO CON CANCIONES Y LETRAS BIEN ESTRUCTURADAS O HECHAS CON CALIDAD MUSICAL? ¿POR QUÉ? ¿ES SÓLO UNA CUESTION DE SUERTE O DE QUE LA DISCOGRÁFICA COMPRA SUS MISMOS DISCOS MUCHAS VECES?

Durante las primeras apariciones de la música en la antigüedad, el hombre utilizaba los ritmos con un fin devocional, en rituales y ceremonias para adorar a los dioses y hasta incluso la música y el sexo para invocar a espíritus y almas de familiares muertos. Sabiendo que la música tiene el poder de transformar las conciencias, se ha utilizado como influencia sobre la vida del hombre. Ya lo decía **Jimi Hendrix:** "*Tú puedes utilizar la música para llevar a los jóvenes hasta un estado de éxtasis y entonces puedes convencerles de lo que quieras*".

Varios iconos del rock de la segunda mitad del siglo XX, como hemos mencionado en los primeros capítulos, se obsesionaron o los iniciaron en la veneración de una notoria figura, Aleister Crowley, conocido como "La Gran Bestia" o "666", miembro de la secta masónica "Orden Hermética de la Aurora Dorada" o Golden Dawn, y fundador de una orden mágica conocida como la Astrum Argentium.

Beatles Album Cover   Aleister Crowley

Alistair Crowley oculto en la portada del álbum Sargento Pimienta del grupo más popular de la música de todos los tiempos "Los Beatles." El nombre del grupo no es una casualidad tampoco, tiene que ver con el culto antiguo de Egipcio a este insecto hermafrodita o andrógino que representa la constelación de cáncer en la astroteología sideral...

Varios iconos del rock de la segunda mitad del siglo XX, como hemos mencionado en los primeros capítulos, se obsesionaron o los iniciaron en la veneración de una notoria figura, Aleister Crowley, conocido como "La Gran Bestia" o "666", miembro de la secta masónica "Orden Hermética de la Aurora Dorada" o Golden Dawn, y fundador de una orden mágica conocida como la Astrum Argentium.

Crowley es famoso por haber escrito "***El libro de la ley***", el cual tiene como filosofía la frase "*haz lo que quieras*". Esto se tomó como modus operandi de la rebeldía juvenil y el movimiento hippie de los 60. También escribió "Magick", en donde nace la "antítesis", una de las técnicas del ocultismo en donde se debe aprender a leer y escribir mensajes al revés.

IN HOC SIGNO VINCES

"V para la victoria y la marca de la bestia o del viejo dios de egipto del imperio y la destrucción "Apophis", encerrado en el triángulo apuntando hacia abajo de Ra Hoor Khuit y con el lema "Signo Invisible Vinces" ("en este signo que conquistarás")."

Zoso símbolo de Jimmy Page = Saturno (regla del signo astrológico de Capricornio)

símbolo de Robert Plant = Verdad o Coraje

Símbolo de John Paul Jones= confianza y competencia

símbolo de Juan Bonham = la Trinidad, o Padre-Madre-Niño

símbolo de Sandy Denny = "antiguo para la Deidad"

Aleister Crowley demostró ser el primero en popularizar el "Signo V" de la victoria y de la paz hippie de los años 60, y afirmó habérselo enseñado a Churchill este gesto en la Segunda Guerra Mundial como un sortilegio o señal mágica para contrarrestar la esvástica de los nazis. Crowley pasó esta idea a amigos en la BBC, y a la división de inteligencia naval británica a través de sus conexiones en el MI5, ganando con el tiempo la aprobación de Winston Churchill.

Durante los años 50 se hizo muy famoso el proceso de "backward masking process", simplificado a "backmasking", la práctica de los mensajes subliminales. Se dice que Led Zeppeling utilizó esta técnica en su canción "**_Stairway to Heaven_**". Si reproduces una parte de la canción a la inversa, supuestamente puede escucharse "Oh here's my sweet Satan. The one whose little path would make me sad, whose power is Satan. He'll give those with him 666, there was a little toolshed where he made us suffer, sad satan". Robert Plant, el vocalista, siempre ha negado las acusaciones.

Satán simplemente significa adversario en la biblia y como hemos explicado en varios libros es el nombre codigo del culto saturniano o del sol negro, una personalidad negativa del planeta Saturno comúnmente conocida como "El Señor de los anillos" Y a veces el flautista o Pan para los paganos pre-cristianos. (_Ver mi libro de Astroteología_)

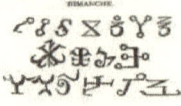

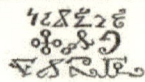

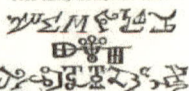

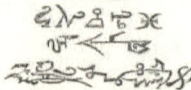

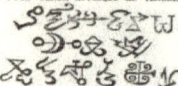

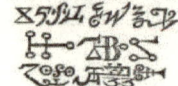

Cuando se le preguntó a Jimmy Page qué significaba su símbolo, dijo que los miembros de la banda los seleccionaron de un "libro de referencia estándar" de sigils (un sigil es un símbolo usado en magia enoquiana) y sugirió que las personas interesadas deberían ir a buscarlas en un " texto de referencia estándar". Page solía tener cerca una librería de segunda mano llamada Equinox (4 Holland Street, Kensington, Londres, ya cerrada) que se especializó en libros del ocultismo.

El símbolo o sigil no deletrea, per se, la palabra **Zoso**, pero éste es un buen nombre para referirse a ella. Esto es lo que creo que hizo el Sr. Page en su juventud. La señal astrológica del sol de Jimmy es Capricornio, y si sabes de astrología Capricornio es gobernado por el planeta Saturno. Jimmy quería un símbolo para Saturno y encontro una selección en un libro de texto (algunas opciones posibles se enumerarán en breve). Ahora, la primera guitarra de Jimmy era la 1959 Futurama Grazioso que sus padres compraron para él cuando él tenía 12 años.

Uno de los símbolos de Saturno en los libros de texto se parece un poco a "zioso" de Grazioso. Tal vez por eso éste símbolo particular de Saturno le llamó la atención. Una especie de sincronicidad para Jimmy Page. Los orígenes del símbolo se remontan a por lo menos 1521, y casi ciertamente antes (a los 1300), pero lo que la estructura y la forma del símbolo originalmente significaba (si algo) se ha perdido en las arenas del tiempo. El texto de Dumas es el libro de referencia más fácil de localizar, pero hay otros y es probable que Page tuviera una copia de Le Dragon Rouge (el Dragón Rojo). Si vas a buscar este libro, tenga en cuenta que hay varios llamados *Le Dragon Rouge* (grimorios) y son libros muy diferentes. El libro que buscas se muestra a continuación, y la colección de símbolos aparecen en la página 51. Este libro es raro y caro (de venta en eBay por varios cientos de euros y es solo una copia, se dice que la familia real brítanica tiene el original o/y sus copias que valen millones en Sothesby), pero observarás que la colección de símbolos para el planeta Saturno es idéntica a que se publicó en el libro de Dumas arriba.

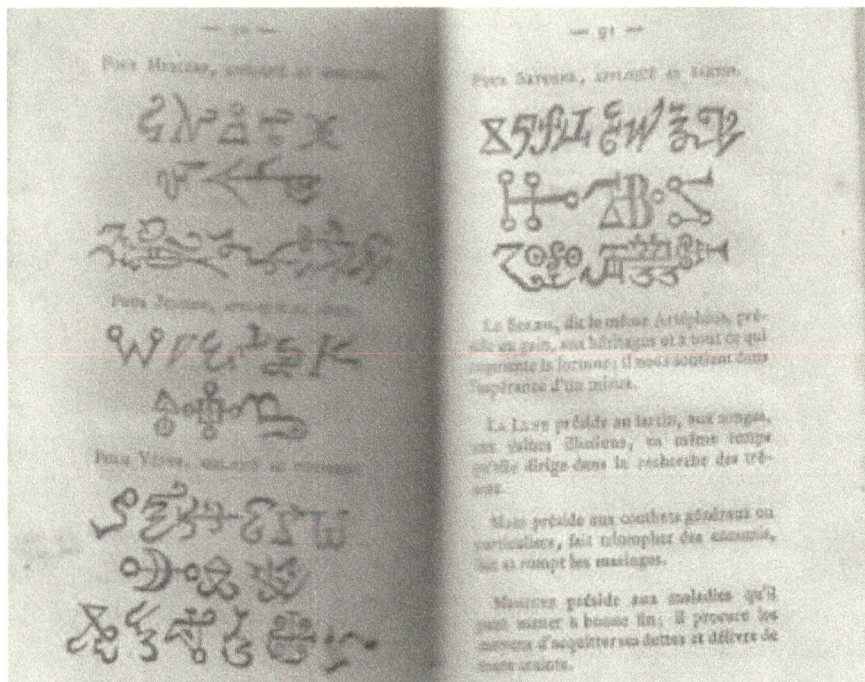

El texto francés, Le Baton Rouge, simplemente dice que "Saturno gobierna sobre las vidas de la humanidad, extendiéndola o terminándola y haciendo la vida feliz o dolorosa".

La peineta -la que todo el mundo hace cuando se siente ofendido-, levantar de forma obscena el dedo corazón manteniendo la mano cerrada con el revés hacia afuera, no tiene nada de satánico, e igual que es uno de los gestos más frecuentes en nuestros días era también en el mundo antiguo. Su origen se remonta a la antigua Grecia. En la obra «Las nubes» de Aristófanes, en el 423 A.C., el dramaturgo mostró su animadversión hacia Sócrates. En esta comedia, un personaje rústico, un labriego poco instruido, queda sorprendido al conocer la existencia de los versos dáctilos que explica el poeta. El labriego piensa que al hablar de dáctilo Sócrates se refería a dedo, así que levanta el dedo corazón y pregunta: «¿éste tal vez?». El gesto se extendió rápido como sinónimo de zafiedad.

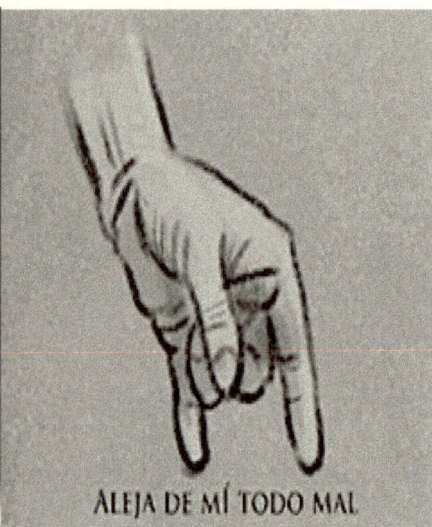

ALEJA DE MÍ TODO MAL

La mano cornuda, cornutto, Carana o la mufa es tan remoto en origen como el amanecer de os tiempos, es un símbolo antiquísimo usado por los babilonios para protegerse del "mal de ojo". Este símbolo también representa a la personalidad positiva de saturno y baal de los cuernos de las hechiceras. También mal llamado il Cornuto y Diabolicus, Los antiguos budistas e hindúes ya hacían el signo del diablo y lo llamaban "karana mudra", movimientos con las manos para invocar espíritus y liberar energías negativas.

¿QUIÉN LE METE ESTAS IDEAS ESOTÉRICAS A LOS MÚSICOS?

Hacia la década de los 70, comienzan a surgir subgéneros del rock como el hard rock, heavy metal y el black metal que llegó como parte de la "Dark Wave", un género gótico originario de Inglaterra y Estados Unidos. A este género pertenece el grupo de rock **Black Sabbath**, literalmente siginifca **sábado negro**, que es una metáfora para el dios saturno y su personalidad negative, de donde se separó Ozzy Osbourne para seguir su carrera como solista con la flamante incorporación de Ronnie James Dio.

Sin lugar a dudas, Black Sabbath es una de las grandes bandas de rock de todos los tiempos. Se sientan en el rock clásico Rushmore, junto a grupos como Led Zeppelin, Pink Floyd y The Who. La mayor diferencia entre Black Sabbath y esas bandas es que Sabbath inventó un subgénero de música casi exclusivamente por su cuenta, Heavy Metal, aunque esto es realmente relative pues hay bandas anteriores a Black Sabbath que ya hacían un estilo pesado, realmente su estilo de la época como podia ser el de Pentragram y que posteriormente da otro subgenero que es el Doom. Los Sabs fueron la primera banda de heavy metal, y hay mucho debate al respect, algunos dicen que el estilo propiamente Heavy ya se define con Judas Priest, pero haciendo honor a una banda formada 2 años antes que Black Sabbath tenemos a Blue Cheer de California, con un sonido quizás más Stoner. Evidentemente las definiciones en el mundo de la música pueden ser muy amplias y quizas en algunos casos los parecidos son casuales.

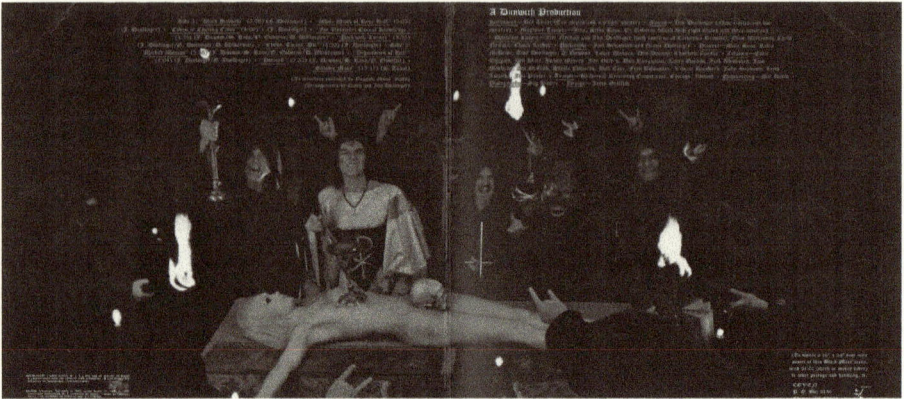

Pero sin duda la mayoría de bandas vivieron de la inspiración de las anteriores, como Jimmy Hendrix, Chuck Berry con un ritmo acelerado y una voz gritona. De hecho John lennon tuvo que hacer una version de You Can´t Catch Me de Chuck, por que si no lo hacía Chuck Berry iba a denunciarlos por plagio por la canción

Come Together que hicieron los Beatles. En sintesis, la creatividad no tiene límites, pero de alguna forma estas bandas fueron las creadoras de los estilos hijos y ya nietos de lo que podemos escuchar en el Heavy Metal. Hay mucha gente por ahí que piensa que Sabbath fue el primero de una larga línea de bandas influenciadas por Lucifer. La verdad es que los sabbath llegaron a la mesa de Satanás muy tarde, y sólo llegaron a él a regañadientes.

Hubo un par de bandas principales de la etiqueta antes de Sabbath que abrazaron muy público al diablo. Su primer álbum, Witchcraft Destroys Minds y Reaps Souls, sonaba como el medio de la música 1969 hippy, pero la banda parecía agentes de la oscuridad en la portada, completamente revestida de negro de pie, junto a un cráneo.

El álbum incluso presentó una grabación de una "Misa Negra Satánica" en la segunda cara. A pesar de haber sido lanzado por un sello discográfico, el álbum fue rápidamente olvidado, aunque la banda inicialmente atrajo mucha atención de los medios de comunicación. Ozzy Osbourne, se convirtió despues de varios albumnes en fiel seguidor de la ideología de Crowley, y grabó discos como "*The Ultimate Sin*" y "*Blizzard of Oz*", en donde aparece en la portada como si se tratase de una posesión satánica, incluso se pueden observar elementos de un ritual como los cuernos y el cráneo, junto con el crucifijo que él sostiene en su mano.

Dentro de las canciones de éste álbum se encuentra "Mr. Crowley", canción dedicada al ocultista. Esta afición por Crowley y lo oculto fue inducida al grupo por agentes illuminati dentro de la discográfica, como menciona uno de sus componentes Butler el cual se salío del lado oculto ya que sentía que le perseguían espíritus malignos, según dice así: "*Ozzy me trajo este libro de magia negra realmente antiguo, y estaba todo en latín y griego o lo que sea. Alguien se lo había prestado, y sabía que me interesaba todo eso. Estaba echándole un vistazo, y luego lo escondí en un armario, en la casa que vivía durante ese tiempo. Y empecé a tener sensaciones extrañas. Y al día siguiente fui a sacarlo del armario, a releerlo, y había desaparecido. Como si se hubiese evaporado, y sólo yo vivía allí en ese momento. Y luego, estaba acostado en la cama una noche y sólo en la habitación sentí esta presencia.*

Me desperté y vi esta forma negra, de pie en el otro extremo de mi cama mirándome a mí, y dije "¿joder que es eso? me asustó mucho. Esto fue como en 1969. Se lo conté a Ozzy lo que me pasó, y fue entonces cuando dejé esto de los grimorios, la invocaión a espíritus y el tema de la magia negra. Lo tomé como una advertencia para salirme mientras podía." Como la mayoría de las bandas que escriben sobre el ocultismo a comienzos de su carrera, Sabbath se alejó de esa inspiración inicial (o en el caso de Ozzy, el miedo) y encontró otras cosas sobre las que escribir. La ciencia ficción y la fantasía eran sin duda la inspiración, las drogas otra. Incluso canciones siniestras que sonaban como **Children of the Grave** terminaron hablando del amor. Mientras que el ocultismo sería asociado con la banda, la primera encarnación de Shabat se alejó rápidamente de ella, y en 1971 había escrito una melodía sobre **Maestros de la Realidad** que habría estado en la casa de la mayoría de los registros del rock cristiano.

Ozzy trató muy duro de replicar la atmósfera amenazadora de los primeros días de Sabbath, y tuvo éxito en su carrera. Canciones como Mr. Crowley (sobre Aleister Crowley como mencionamos arriba) sorprendieron a padres y atormentaron a los adolescentes que soñaban con jugar al ocultismo, pero Ozzy nunca fue un ocultista, y mientras los adornos ayudaban a vender álbumnes, era obvio en las entrevistas de tele y radio que él nunca llevaba ese estilo de vida. Mientras que los chicos de Black Sabbath nunca fueron ocultistas, ni adoraban al Diablo, ayudaron a crear la percepción de que las buenas bandas de heavy metal sí hacían esas cosas. Al hacerlo, definieron el metal como un género contra la autoridad, que permanece casi cuarenta años después. Agentes illuminati los usaron de herramienta, pero fracasaron en su intento después del incidente inicial en casa de Butler.

También destacando este tema, los Rolling "Stones" cantaban *Paint it Black*, *Paint it Blue*, *Blue* se convierte en Gray, Black Angel, XXX en *Simpathy for the Devil*. Una referencia a Saturno y el Blue o azul en inglés esta relacionado con el color del tercer ojo y el ojo de Saturno o que nos vigila. El ojo que todo lo ve. ¿Cómo saben esto los Rolling? ¿Son ocultistas? ¡No! ¡Ni tienen tiempo! Colin Rivas se ha pasado meses y años con algunas de ellas y la mayoría del tiempo no tienen tiempo ni para ir al baño ¿Alguien desde dentro les pasa esta informacion que inspira sus canciones? ¡Si! ¡Apuesta por ello!

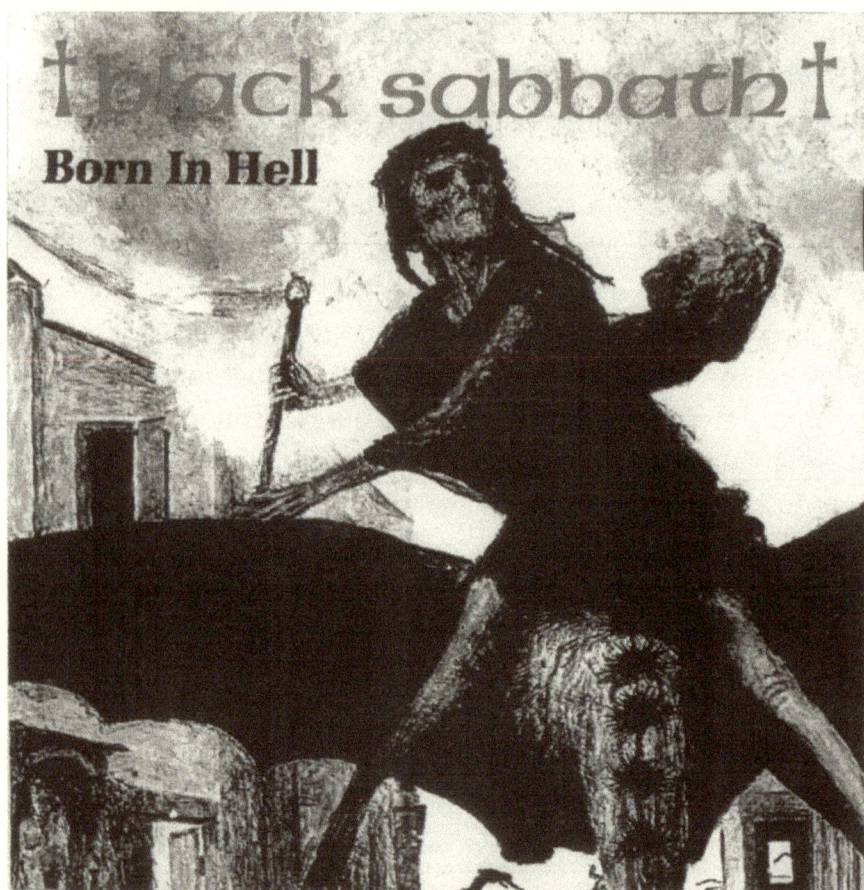

La portada del album "Born in Hell" de black sabbath refleja y demuestra que la banda sabe el origen de su nombre ya que se ve un surrealista retrato del hombre masacrado y decrépito con ojos negros sosteniendo una guadaña, que es la antigua representación de Saturno.

En Grecia Saturno fue llamado Cronos, "tiempo", esposo de Rea con quien engendró varios hijos. Cronos se los comió a todos tan pronto cómo nacieron, porque sabia que su destino era ser derrocado por uno de sus propios hijos. En hebreo saturno es Sabbath o dia de saturno, sus emisarios y sacerdotes vestían del color negro y era la deidad de los godos y celtas europeos. Sacrificar o comer niños ha influido sin duda en que Saturno haya sido considerado desde siempre un planeta maléfico, demoníaco y destructivo. Incluso se le asemejó a Satán por la similitud del nombre y por los cuernos que lucía el dios Pan, la asimilación griega del dios Fauno de las Lupercales. Saturno es el sexto planeta desde el Sol, su día - el 'Saturn-day' - o sábado, es el sexto día de la semana. Es un planeta único por sus anillos y por un extraordinario hexágono en su polo norte, una misteriosa perturbación atmosférica de 30.000 Km. de longitud conocida desde hace treinta años. El hexágono es la figura geométrica que tiene 6 lados, 6 ángulos y 6 triángulos en su interior, por lo que se la asocia con el número de la Bestia, el 666. Será por eso que los ataúdes tienen forma hexagonal.

LLAVOZDELVIENTO·ES

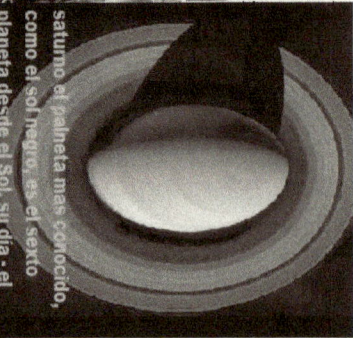

saturno el planeta mas conocido, como es el sol negro, es el sexto planeta desde el Sol, su día - el 'Saturn-day' - o sábado, es el sexto día de la semana.

peliculas de Hollywood que represebntan a saturno.

La Kaaba (en árabe ﺔﺒﻌﻜﻟﺍ, al-ka'ba, «el dado» o «el cubo») es una construcción con forma de cubo que se halla en La Meca, Arabia Saudí, y representa el lugar sagrado y de peregrinación religiosa más importante del Islam.

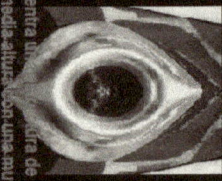

se encuentra una ... de plata a media altura en una muy explicita forma de vagina. En su interior está la Piedra Negra, una reliquia musulmana (regalo del arcángel Gabriel a Abraham), que los peregrinos intentan besar después de dar las siete vueltas del ritual.

SATURNO TOMA EL PAPEL DE, ZEUS, CRONO, JUPITER, JEHOVA. Alá

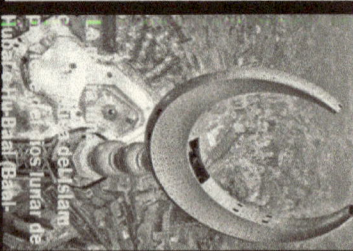

Saturno) que luego sería

... ser puesto en ... ... templo al corazón sobre la cabeza... Terfilin si... sumisión... la mente, acciones al todopoderoso, representa al cubo negro de saturno

El maestro Dalí con los cubos y la geometria del 666. Un número solar y saturnino que tiene que ver más con el hombre-bestia que con el diablo. La élite de hecho, nos ve con menosprecio y en sus círculos se jactan de que somos hombres-bestias y sobramos. Parte del mensaje subliminal eugenista.

Otra banda que se sirvió de la temática satánica dentro de la historia del rock fue la banda de heavy metal, **Iron Maiden**, la cual le tengo especial cariño ya que conocí y compartí momentos especiales con su teclista inicial Tony Moore y actual dueño del Balham Theatre en el sur este de Londres quién me enseño de música y me contó cosas increíbles sobre la banda durante años, la cual encabezaría la conocida Nueva Ola del Heavy Metal Británico, con el disco titulado "*The Number of the Beast*", el cual incluía el tema del mismo título, un corte que se convertiría en su canción más emblemática, y que hace referencia al número designado a la bestia (metafóricamente y numerológicamente hablando del hombre-bestia) según la Biblia cristiana, el 666.

Incluso Bruce Dickinson, vocalista de la banda, hizo una película en honor a Crowley que se llamó Chemical Wedding, dirigida por Julian Doyle. A mediados de los años 90 Marilyn Manson, líder de la banda de metal industrial del mismo nombre, se convirtió en miembro de la Iglesia de Satanás, fundada en 1966 por Anton Szandor LaVey, quien se denomina "El Papa Negro" y es autor de la Biblia Satánica. En la portada de su disco "Antichrist Superstar" se puede ver la persignación satánica que reza corazón, mente, complacencia y malicia. En la parte superior hay un círculo rojo que representa a pi, en este caso Satanás. Se hace al revés de la persignación cristiana.

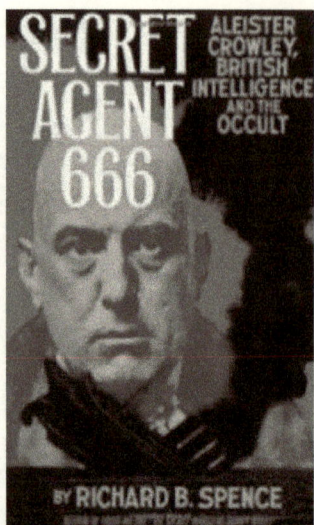

Crowley recopiló y leyó gran cantidad de grimorios y manuscritos antiguos de magia negra, brujería y diversos ritos de adoración pagana de diversas religiones, principalmente la celta, babilónica y egipcia. También complementó sus conocimientos realizando varios viajes a las pirámides de Egipto (donde invocó a los demonios del goethia y no cerró el ritual con la licencia de partir) tuvo amistad con masones y diversos personajes "ocultistas" de su epoca, como fueron Madame Blavatsky, Edgar Allan Poe, Gregory Rasputín, Theodore Reuss, Gerald Garner, Churchill, Rudolph Hess y un largo etc...Aleister Crowley, estaba muy frustrado y enfadado con la religión cristiana en cualquier forma por haber sido abusado por padres jesuitas en su Inglaterra natal.

En 1951 LaVey conoce a Jack Parsons, discípulo de Crowley, y participante directo del programa aeroespacial de la NASA, el cual tendría una gran influencia en su filosofía, todavía en crecimiento. Parsons había fundado su propia logia. Fruto de estas incursiones en la logia de Parsons, LaVey conoce a Kenneth Anger, el cineasta, tambien discípulo de Aleister, que sería fundamental en su salto a la fama. LaVey actuó como el diablo en el film "Rosemary's Baby" de Roman Polansky. ('La semilla del diablo') donde se narra el nacimiento del Anticristo. La película, se rodó en el edificio Dakota, en la ciudad de Nueva York. En dicho edificio, había vivido Aleister Crowley y, años más tarde, en el mismo apartamento, John Lennon, donde fue asesinado en 1980. En 1970 Lavey hace el papel protagonista de una película de Kenneth Anger, "*Lucifer Rising, Invocation of my demon brother*", cuya música fue escrita por **Mick Jagger** y **Jimmy Page (The Rolling Stones y Led Zeppelin)**.

© Trapart Books

LaVey y su Iglesia de Satán tenían su sede en los Angeles, California. Por haber sido músico tenía amistades y trabajó en esa industria, productores de las principales estudios, músicos, rockers, cineastas, escritores, actrices, actores, políticos, etc. Muchos de los cuales pertenecían a su iglesia como Jane Mansfield, Ida Lupino, Eddie Albert, Ernest Borgine, Sammy Davis Jr, Jackie Mason, Kim Novak, Keenan Wynn, Gene Roddenberry , Hells Angels (sus guardaespaldas), Kenneth Anger, Neo Nazis, etc. LaVey era muy amigo de la actriz Jane Mansfield, que murió en un accidente de automovil decapitada. Marylin Monroe, fue su amante en 1948 cuando ella era bailarina en un burlesque llamado Mayan.

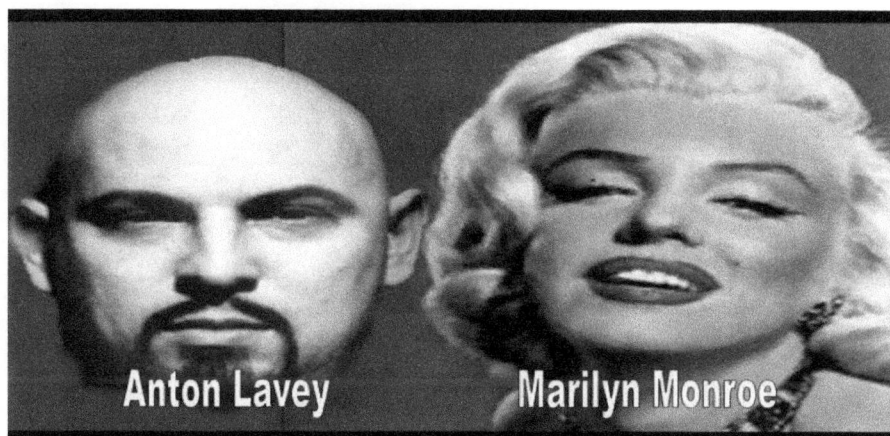

Anton Lavey   Marilyn Monroe

El la contactó con productores de cine. Tenía un poster firmado por ella que decía "*Querido Tony, cuantas veces me has visto así, con amor Marylin*". El cual él mostraba con orgullo. En el poster ella estaba desnuda. Pero también personajes siniestros dicen haberse inspirado en su doctrina, como Charles Manson (el cual estaba siempre presente con sus "gatitas" en las fiestas de los Beach Boys). Otro cantante que juega con lo esotérico es el guitarrista chicano, Santana que dice ser practicante de Santeria, mezcla de ritos africanos con católicos. También los combina con budismo y ritos tradicionales mexicanos. Algunas de sus canciones tienen títulos como: "Sacrificio del Alma" (Sacrificie Soul) "Caminos del Demonio" (Evil Ways). "Mujer de magia negra" (Black magic woman") Carlos Santana declara que compone su música en estado de trance, y que tiene comunicación con un espiritu llamado Metatrón (otra personalidad del planeta saturno) Y que la revitalización de su carrera en el siglo 21 se debe a él, que lo visita mientras medita y hace su música.

El símbolo de la V "amor y paz" fue popularizado por el "gurú hippie" Timothy Leary, seguidor de Aleister. "He sido un fan de Aleister Crowley. Pienso que estoy continuando mucho del trabajo que él comenzó hace cien años... estaba a favor de encontrarse a si mismo , y el lema "!Haz lo que deseas será toda tu ley, bajo el amor!" Era una declaración de gran alcance y poderosa . Estoy apesadumbrado de que él ahora no pueda apreciar las glorias que él comenzó" Timothy Leary,

-(PBS Late - Tonight América, red pública, del video Hells Bells)

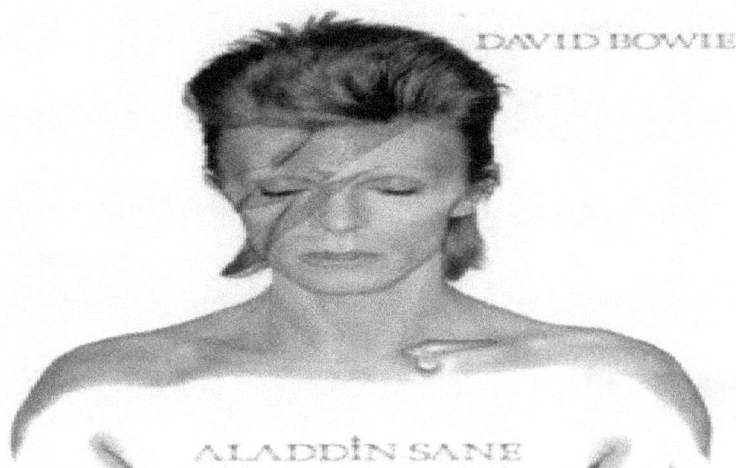

DAVID BOWIE, cantante muy metido en lo oculto y el tema de los OVNIS ya que en el instituto producía su propio panfleto sobre extraterrestres y avistamientos, en el album Hunky Dory (1971), nombra a Crowley y a su "Golden Dawn", y en el tema llamado "QuickSand" de su album "The man who sold the world" (El hombre que vendió el mundo) canta: *"Estoy cada vez más cerca de The Golden Dawn, inmerso en el uniforme imagínistico de Crowley"* *"El rock siempre ha sido la música del diablo. No pueden convencerme de que no lo es. Creo honestamente todo lo que he dicho, creo que Rock and Roll es peligroso. Creo que estamos sólo anunciando algo aún más oscuro que nosotros mismos"* David Bowie, (Rolling Stone magazine, Febrero, 1976) Kurt Cobain, lider de Nirvana, estaba obsesionado con Anton Lavey por ejemplo; ¡Intentó llegar a tocar con Lavey violonchelo del Nevermind de Nirvana! (Revista Mojo, septiembre de 1999, p. 86), Se suicido disparándose con una escopeta.

Winston Churchill being installed into the Albion Lodge of the Ancient Order of Druids at Blenheim Palace, 15 August 1908.

Churchill había convocado a Aleister como su asesor en Astrología y Magia, del cual era un creyente desde su juventud. Era miembro y druida de la Logia de Albión, de creencia Celta, celebrando rituales de solsticio cada año en Stonehenge.

Hay poco conocimiento de primera mano de los druidas o de su religión. La razón principal es que enseñaban a sus acólitos el conocimiento druídico secreto de boca en boca. Ninguno de este conocimiento de confianza estaba comprometido con la escritura: todo se aprendía a través de la mnemotécnica. En varios libros, sin embargo desglosamos no sólo esta religión sino su filosofía que sigue de voga hoy en día en los gobiernos, religiones, música y cine.

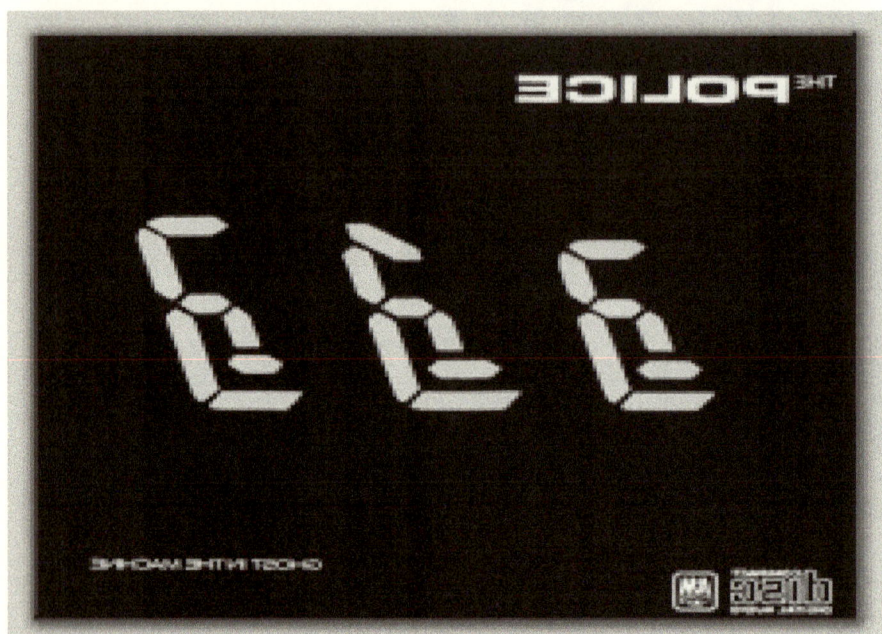

STING , cantante del grupo inglés "The Police" , ha pasado muchas horas estudiando las escrituras de Crowley y Sinchronicity II, del álbum "Sinchronicity," está inspirado en parte por extraños acontecimientos en la Casa de Crowley, Boleskine, en el Lago Ness mientras que Jimmy Page, guitarrista de Led Zeppelin era el propietario. Inviertiendo la portada del album de Sting con los sigils <u>Ghost in the Machine</u> se aprecia un 666 ...

John Frusciante, alcohólico, drogadicto y guitarrista de Red Hot Chili Peppers no el grupo en sí, solo él, escribió "Emptiness", "I'm Around" y "666" (incluídas en su álbum "Inside of Emptiness" mientras estaba leyendo la biografía de Aleister Crowley.) En 1992, en los premios MTV, después de recibir su premio con los chilllies y dando gracias, dijo: *"En primer lugar queremos dar las gracias a Satanás."* La banda de los Chillies lo echó ese mismo año para dejarlo volver después. En 2003, Johan Edlund, líder de la banda de Tiamat, toma prestado uno de los poemas de Crowley, para componer el último tema del álbum 'Prey', titulado 'The Pentagram'. En ese mismo álbum, existen varias referencias a la obra de Crowley, como la que apunta a Ra-Hoor-Khuit en el tema 'Cain'. Tiamat es el nombre de una diosa babilonica, representada por un dragón.

Crowley le comentó a uno de sus discípulos, que había sacado el símbolo de la "V" de un espíritu que le visitaba, y a cambio tenían que ofrecerle como sacrificio la sangre de los soldados muertos en batalla. Tanto el símbolo de la "V" como de el pulgar arriba son considerados desde tiempos muy antiguos como signos obscenos, ya que representan los genitales masculinos y femeninos. Crowley hizo unos poemas en un panfleto llamados "THUMBS UP : A Pentagram - a Pentacle to win the war " (¡Pulgares arriba, para ganar la guerra!) que se los dio a Winston Churchill para imprimir y distribuirlos a los soldados Ingleses, para recitarlos durante las batallas y ganarlas.

ARRIBA UNA JOVEN 'REINA ELIZABETH' DRUIDA ALTA SACERDOTISA DE SACRIFICIOS ANTIQUÍSIMOS DE COMER, BEBER Y SER FELIZ - DISFRUTA DE SACRIFICIOS RITUALES ...

La banda gallega **Siniestro Total**, que incluyó la cita *"Haz lo que quieras, será toda la ley"*; en la canción *"Mi nombre es legión"*, uno de los temas de la banda sonora de la peli *"**El día de la bestia."*** *"El objetivo de nuestra música es aumentar la brecha generacional, separar a los chicos de sus padres"* decía Paul Kanter, guitarrista Jefferson Airplane"

(In Tingelhoff, Documentation of Expose, pág. 4) *"Me vuelvo loco cuando salgo a escenario... es como si otra persona toma posesión de mi cuerpo."* **Glen Tipton de JUDAS PRIEST**, (Hit Parader, Fall 1984, p6),

El single "Lanslides" se nota la mano masónica de la portada que representa a Joachim y Boaz y la puerta dimensional al otro mundo con el arco solar en el marco de ese portal. Los artistas la mayoría de las veces no son conscientes de estos detalles y piensan que es simple estética ...

Stevie Nicks la cantante de la legendaria banda de pop-rock melódica Fleetwood Mac ya apuntaba que agencias foráneas a la banda hacían su agosto y que la banda en sí no tenía control ni sobre su vida diaria "Dios, no tenemos nada de control sobre esto."
-Stevie Nicks- Fleetwood Mac, (Circus April 14, 1977).

EAGLES para la conmemoracion de los 10 años de la fundación de la Iglesia de Satán en 1976, LaVey le solicitó a un amigo, Don Henley, la composición de un tema, que fue "Hotel California" de los "Eagles" prometiéndole a este grupo que ya tenía varios años y discos sin destacar, y serían muy famosos. Se volvió un tema que los llevó a la fama mundial y vender en América casi tanto como los Beatles. En esta canción de enigmatica letra se habla de California, como si fuese un "Hotel"que le da la "Bienvenida" a todos aquellos que quieran seguirlos. En San Francisco está la primera Iglesia de Satán del mundo y, la dirección es el 6114 de California St, CA 94121. Los Eagles siempre dicen que está basada en la America misma y el sueño americano inspirado por William Blake de la inocencia y la experiencia...

No todo es satánico en la música. Hay faltas de respeto a los símbolos cristianos o religiosos, como usarlos de manera inapropiada en una portada de CD o vestirse como sacerdote, es triste, pero no pasa a una invocación. Aunque esto es lo que quieren los Illuminati para conquistar, divide y vencerás

RITUALES
MUSICALES DE LOS ILLUMINATI

"Distraído de la distracción por otra distracción"

-T.S Elliot, Escritor y Pensador

Uno es feliz haciendo las cosas que uno hacía en la infancia. Uno siempre será feliz en su mundo y en sus raíces y los illuminati a través de la pantalla y las ondas de radio quieren desconectarnos denuestras raíces, y que uno no es feliz por medio de una cultura universal y multicultural que en verdad no existe y nunca ha existido. Nos quieren hacer comer cosas que no comíamos en la infancia, y ver y escuchar canciones o videos que no teníamos en nuestra infancia, y por eso este continuo bombardeo multicultural, psicotrónico y simbólico empieza ahora desde que somos muy pequeños.

Hace años unos amigos de California me prestaron un documental llamado*"Eye of the Phoenix: Secrets Of The Dollar Bill"* (El Ojo del Fenix y los secretos del billete del dolar) en donde la masonería moderna afirmaba que el ojo que todo lo ve que está flotando por encima de la pirámide del dolar no es un símbolo masónico. Pero, ¿qué creían los francomasones cómo el presidente Franklin D. Roosevelt y su vicepresidente masónico, Henry Wallace, cuando añadieron este símbolo al dólar, el todo poderoso dólar, en 1935?¿Y para qué pusieron estos símbolos en el dólar?
¿Porqué no una bola del mundo, o un mapa de América o simplemente una flor o un lugar que representa a America o a Estados Unidos? ¿Que pinta una pirámide de Egipto o una estrella de Israel o un búho?

Pues lo mismo nos podemos preguntar de las actuaciones de muchos artistas y sus videos ¿Qué pinta una pirámide en un concierto de Coldplay? ¿No sería más lógico que tuvieran un dolmen o stonehenge? Ya que esta banda es de Inglaterra, ¿qué pinta Katy Perry con un ojo que todo lo ve en su camiseta o haciendo extraños símbolos masónicos en un concierto cuando lo que tiene que hacer es dedicarse a cantar y relacionar sus temas con la naturaleza y el país del que procede?

Es conocido por tanto que hay ciertos ocultistas y sociedades de poder que desean crear su utopía del nuevo orden mundial (y tienen por objetivo el restablecimiento del Templo de Salomón. La masonería quiere explícitamente este objetivo ya que existen citas sobre estetema).

El Fenix, el ave iluminada, es una leyenda creada por los antiguos iluminados del mundo antiguo, que es un nombre antiguo para los Illuminati irónicamente. Los grupos ocultistas creen que el conocimiento antiguo no sólo existía en la antigua Babilonia, sino en la antigua Atlántida (donde objetos como las tablillas de Esmeralda del Atlante Thoth y el lapis exillis) fueron codiciados por el Rosacruz Nicholas Roerich y su aliados masónicos en Estados Unidos, Inglaterra, Francia y Alemania.

El 29 de mayo de 1913 (es decir, 11-22 o 33, y en el 5 y se vuelve a 11), "Le Sacre du Primtemps" también conocido como "El Rito de la Primavera" se estrenó en París. La partitura y el tema general del ballet fueron evocados por Igor Stravinsky. Pero Stravinsky tuvo una gran ayuda. La mente filosófica y esotérica detrás de "Le Sacre" era Nicholas Roerich. Roerich podría ser uno de los agentes más esenciales, esotéricos y ocultos del siglo XX.

Los mitos afirman que el **lapis exillis** fue la piedra de la corona de Lucifer que se rompió después de que Lucifer había sido derrotado por el arcángel Miguel. Esta historia se encuentra en la literatura de autores masónico como Manly P. Hall. Los apologistas masónicos pueden negar que el gran sello es de origen masónico (aunque los símbolos masónicos están en ellos), pero el billete de un dólar es definitivamente de origen masónico, igual que muchas de las películas y videos musicales que veremos en estos tomos del Hollywood oculto.

La guerra más antigua de este planeta no se trata de derechos o recursos de la tierra, es acerca de la conquista de tu espíritu y tu mente. Para los controladores es super importante las fechas, los símbolos y la astrología en ciertos eventos y rituales que los esfuerzan y de esa manera controlar más fácil al rebaño.

Con un pedazo de la piedra del destino "**Chintamani**" en su posesión, Roerich hizo una peregrinación al Tíbet, para volver a reunir la piedra con Shamabala, su legítimo dueño. Esto confería a Roerich un enorme credo popular, ya que la piedra aparentemente le daba a uno la capacidad de ver el pasado y el futuro, según la leyenda al mismo tiempo que aceleraba y actualizaba todas las funciones humanas a un nivel suprahumano. Roerich llegó a ser tan influyente, que penetró en algunos de los círculos más poderosos del mundo, especialmente en Estados Unidos. Había desarrollado una relación de maestro con presidentes y emisarios mundiales de España, Francia, Italia, Argentina, Japón, China y Estados unidos como, Henry Wallace, quien en ese momento era Secretario de Estado americano.

Wallace, curiosamente llegó a ocupar los cargos de trigésimo tercer Vicepresidente de los Estados Unidos Secretario de Agricultura y Secretario de Comercio. En la elección presidencial, y nació el 7 de octubre cuando el Sol se unió al de Roerich, nacido el 9 de octubre, astrológicamente hablando. Wallace también nació en 1888, en el irónico y curiosamente llamado "*Oriente*", Iowa. Posteriormente se convirtió en vicepresidente de FDR y es a través de Wallace cuando el dólar obtiene un cambio de imagen serio, amarrado a los símbolos del "All-Seeing-Eye," al Búho, a las 13 Estrellas en forma de pentagrama.

Vote for Henry Wallace

Support his program for peace, democracy and prosperity.

work with WOMEN FOR WALLACE
Mrs. Elinor S. Gimbel, *Chairman* • Clark Foreman, *Treasurer*
39 Park Avenue, New York 16, New York

¿El hombre que contribuyó con los diseños mágicos por el dólar? Su maestro espiritual, Nicholas Roerich. estadounidense de 1948 fue candidato por el Partido Progresista. Roerich era alabado como un gurú por sus poderosos seguidores y hermanos, incluso llegó a tener su propio planeta / asteroide menor, 4426 Roerich nombrado en honor a él por la NASA, y también tenía un edificio principal de Nueva York con un ático llamado, *"El edificio principal"* construido para él también. Así que ahora que tienes algunos antecedentes sobre Roerich y puedes entender su impacto simbólico en el sistema monetario internacional y la industria del cine y de la música, estás preparado para apreciar su influencia en *"El Rito de la Primavera."* (Véase el film Indiana Jones Templo Maldito de Spilberg, otra gran influencia de Roerich).

Una de las afirmaciones de Roerich a la fama era que él tenía la "Piedra Chintamani", que era anterior a la copa de Cristo o el Grial como uno de los objetos de poder más preciados o tótems en el planeta. Se afirma que la piedra de Chintamani se había desprendido de un planeta que orbitaba alrededor de Sirius... Curiosamente en muchos de los videos musicales veremos más adelante dicha referencia.

¿Cuál fue el rito de la primavera? ¿Por qué la multitud en París, se vuelven locos de pasión? ¿Por qué Stravinsky lo hizo en primer lugar en París? Durante ese tiempo en la historia, había habido un poco de empuje hacia el ideal romántico de culturas indígenas. Las visiones de Gaugin de nativos polinesios, especialmente las mujeres, enviaron al mundo un gorjeo. Aquí está un cartel de la feria mundial de 1910 en Bruselas.

Pero si vemos el Rito de la Primavera de Stravinsky en un contexto más amplio, es un acontecimiento singular que resuenan las trompetas en el transcurso de la historia que todavía reverberaban hasta el momento. En 1913, vemos la formación de la Reserva Federal, la adopción del impuesto sobre la renta federal y los inicios de la Primera Guerra Mundial en Europa, que Estados Unidos con el tiempo se terminaría involucrando. Sin embargo, hay aún más de esta obra maestra de Stravinsky. Una vez más, ten en cuenta que Roerich es una de las mentes detrás de él, así como otros maestros esotéricos como Kandinsky y Balanchine. El rito era un ritual para el vigésimo siglo mismo, invocando un sacrificio ritual de la inocencia del siglo moderno que estaba por venir.

Hay 13 movimientos en el Rito. En los movimientos del 10 al 13 la secuencia es de aproximadamente 10. La recolección de vírgenes, 11. Las invocaciones de los antepasados (espíritus), 12. La confiación de ellos al cuidado de los "sabios" y, finalmente, elegida, se baila a sí misma en presencia de los "ancianos" como sacrificio en un baile de sacrificio. Podría estar exagerando, pero hay un tipo de arrastre y control de la mente en juego aquí y también la matanza de la inocencia. Esto tambien se ve en los videos y entregas de premios modernos que seguiré despues el hilo. Este fue el impacto ritual do "Lo Sacre du Printemps".

Es mi estimación que la virgen es el cristianismo como el ideal ingenuo y la inocencia y su muerte allana el camino para el "Novo Ordo Seclorum" o "Nuevo Orden de las Edades" que Roerich, con el tiempo, imprime en cada nota de la Reserva Federal. Pero ella es también un símbolo de la sabiduría o de la sabiduría y que su muerte ritual confería, en la presencia de los "hombres sabios" que atestiguaban con la esencia de su fuerza y poder de la vida. Es interesante que eligieron el 29 de mayo para la actuación. El Sol y Mercurio estaban en conjunción, con Saturno en Géminis (Sol / Saturno exacto en el grado místico 7), que por supuesto está de acuerdo con el misterio de la dualidad y Géminis. El nódulo verdadero-como se le llama en estos círculos, estaba en 0 grados Aries.

Fires of Their Ways Won, by Walter Rane, courtesy Church History Museum

Quirón estaba a 14 grados de Piscis y (la luna negra) Lilith a 9 grados de Piscis. La Luna Negra Lilith, especialmente en Piscis, es importante, ya que la vemos transpuesta contra la virgen sacrificial del movimiento final, la muerte en "El Rito". Podríamos seguir y decir sobre el significado de 9. Es un número importante. De nueve planetas a Jesús apareciendo a sus discípulos 9 veces después de su resurrección, 9 es uno de los números más prominentes en el simbolismo espiritual, religioso y mítico.

A pesar de que podríamos redondear a 10 si comenzamos con 9 grados para Piscis en los Símbolos Sabeanos o Astrológicos, muy importantes para la élite, si empezamos con 8, luego redondea hasta 9. El Símbolo Sabeano para 8 Piscis, salta justo de la partitura mientras miramos en la conjunción con todo El Rito; Llama al hombre hacia el renacer illuminado. A medida que se desarrolla el primer día del nuevo año, recuerda que el "Sacre Du Temps" conocido como "El Rito de la Primavera" fue en esencia un ritual de convocatoria para todo el siglo XX. Seguido por el segundo acto de Roerich como grabador simbólico de un guión supranacional y del Nuevo poder global.

El rito de la primavera en París el 29 de mayo de 1913, uno de los momentos clave del modernismo en la música. Pero la influencia de Roerich va más allá de Stravinsky e incluso Prokofiev, parece, se extendió mucho más, ya que estaba directamente involucrado en el redescubrimiento de la civilización de los Escitas originales, cuya cultura (o más bien las interpretaciones rusas de la misma) estaban detrás de ambas obras de Prokofiev y Stravisnky.

Los Escitas eran un grupo de nómadas persas guerreros que vivían en el área alrededor de los mares Negro y Caspio, y a través de las estepas más al este, de los siglos 4 al 3 a.C. No dejaron registros escritos y los conocemos a través de los relatos de no-escitas, especialmente del historiador griego del siglo VI Heródoto, y de la excavación arqueológica de tumbas preservadas en el permafrost, Roerich participó en muchas de estas expediciiones como arqueólogo jefe. Los escitas pasarían según Fuentes a ser los ashkenazis de los primeros siglos oscuros de esa parte de Rusia.

Indiana Jones, el templo maldito y la roca del destino chintamani de Roerich en el film de Spielberg. Estas piedras mágicas caidas del cielo eran recogidas por hindús y tibetanos hace miles de años...

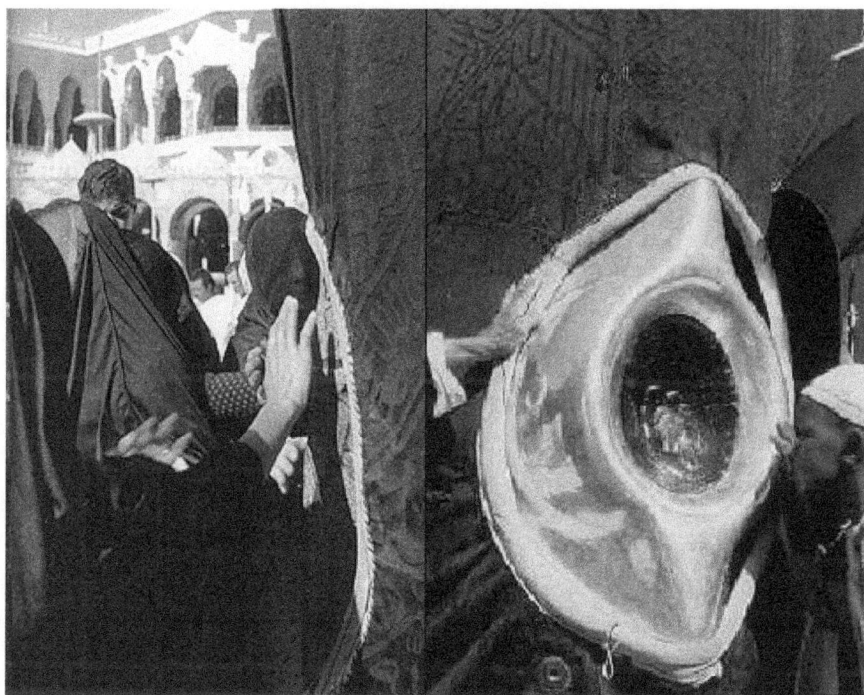

¿Qué hay dentro de ese gran edificio cuadrado que millones de peregrinos se esparcen por la Meca? Las palabras "Al" y "El" significan lo mismo - son palabras antiguas para Dios o un grupo de dioses como El-ohim. AL es la antigua palabra para 'dios' y 'LAH' o 'LA' es la actual palabra latino-francesa para 'allí' = "Dios está allí". Los dioses vivían en el cielo que los musulmanes que llaman "paraíso", que es en realidad el espacio exterior. Cada vez que un meteorito caía por el cielo nocturno, los pastores de camellos beduinos solían correr para encontrar el meteorito en las vastas arenas vacías de Arabia Saudita. Se decía que estas piedras eran "enviadas del paraíso". Los meteoritos les fascinaban a los campesinos, y los meteoritos más grandes se ponían en una exhibición cerca de las teindas, con una pequeña tarifa cobrada para que la gente lo viese, y una cuota más alta para que la gente incluso tocase esta "piedra del paraíso". Señoras y Señores Bienvenidos al NACIMIENTO DE TODA LA INDUSTRIA CAPITALISTA RELIGIOSA. Algunos de estos meteoritos eran tallados en forma de cono y algunos fueron tallados en forma de pirámide llamada pyramidioxns - que habían sido adoradas por los faraones también.

(arriba foto, izquierda pintura de Roerich sobre símbolos prehistóricos que parecen ovnis grabados en piedras de Asia y Rusia-derecha)

Roerich aportó su entusiasmo sobre la prehistoria y el arte prehistórico a su siguiente carrera, como artista y escenógrafo y diseñador de vestuario. Conoció Diagelev desde 1904 y trabajó en el escenario para la producción de Diaghilev de la música de Borodin, las danzas de Polovtsian en París en 1909. El año siguiente Diaghilev le presentó a Stravinsky y los dos comenzaron a trabajar en la planificación de un nuevo ballet de la Edad de Piedra. Roerich emitió un articulo de pre-publicidad a la prensa. El nuevo ballet, escribía, *"presentará una serie de escenas de una noche ritual en la época de los antiguos eslavos... será la primera en presentar una reencarnación de la antigüedad"*.

El Kurgan
Los Inmortales
(Highlanders)

Roerich diseñó trajes basados en vestidos de la gente antigua recogidos por su patrona, la princesa Maria Tenisheva, y el paisaje que denotaba la estepa rusa en la prehistoria, con los Kurgans de Escita (Véase la película los inmortales y su banda sonora del grupo Queen) que resurgian de esta estepa como grandes guerreros inmortales. Nijinsky, que debía bailar en el ballet, encontró la inspiración en las poses de las figuras humanas "prehistóricas" en las pinturas de Roerich. Roerich abandonó Rusia tras la Revolución del Octubre Rojo para vivir en Finlandia, Gran Bretaña y Estados Unidos. Desarrolló un interés duradero en la teosofía y la filosofía oriental, y pasó gran parte del resto de su larga vida vagando por la India, el Tíbet y otros países, estudiando la filosofía, el arte y la cultura del oriente.

(arriba foto, izquierda pintura de Roerich con la caja roja de la piedra chantamani cerca de darjeeling-derecha-la película Darjeeling Limited con la caja roja en homenaje hollywoodiense a Roerich)

Sus intereses arqueológicos nunca le abandonaron, y en 1935 redactó el "*Pacto de Roerich*", un acuerdo destinado a salvaguardar el patrimonio artístico en tiempos de conflicto (la UNESCO de hoy en día). Hoy en día encontramos un Museo Roerich en Nueva York, que conserva su arte y celebra su vida. En muchos aspectos era un hombre de intereses retrospectivos, pero su papel en uno de los momentos críticos del modernismo y de la historia del cine y la música y el arte merece un recuerdo.

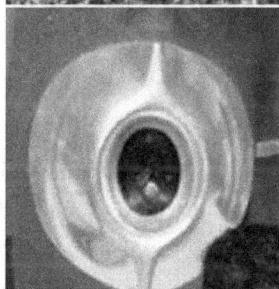

Muchos creen que la Kaaba en La Meca tiene parte de la piedra sellada en su núcleo.

SUPER BOWL ANIVERSARIO 50, LA NUEVA EDAD OSCURA, EL RITUAL DEL INTERMEDIO, LA INVOCACIÓN DE MARTE Y LOS VIENTOS DE GUERRA...

Bueno, el humo se ha despejado e incluso si Marte todavía está acechando en mi casa zodiacal numero 12, tengo que dejar constancia del último ritual de la Super Bowl. Como Lady Gaga (Aries) hizo un trabajo bastante respetable, haciendo una versión moderada de "The Star Spangled Banner" (el himno de América). Vestida de escarlata, con sus pestañas rojas y su traje de Gucci rojo, era todo lo que daba este negocio illuminati, sometido y desviadamente oculto. Este es un tema coherente con el espectáculo del descanso o intermedio del show del futbol americano. Cuando se anunció que Gaga cantaría el himno, las mentes curiosas se preguntaban lo loca, bizarra y diabólica que se materializaría Gaga. Ella no lo hizo y aún así... lo hizo. Esta Super Bowl, de ya 50 años de edad, marcó un punto de inflexión en el ritual anual de Acuario, pero no te equivoques.

Todavía estaba allí, pero al igual que la apariencia de Gaga, oculta y ocultada. Ya sea Joan de Mad Men, la rubia ardiente de Matrix o Sam, de Sex In The City, la Lady In Red es la encarnación siempre presente de Jack Parsons, Ron Hubbard y el amor interdimensional de Marjorie Cameron. Su nombre es "Babilonia". Acuario, Luna Nueva en ascenso, Sol en el Agua, segundo decano, Géminis, donde el portador del agua tiene dos significados. En la superficie, la actuación de Gaga y el espectáculo del descanso que se sigue parece una forma, pero por debajo, hay algo más que ocurre. La naturaleza simbólica tanto del himno como de la extravagancia del show del descanso tenía algo en común: la incorporación de la Era Acuariana.

En el 2012, en Lucas (Luce / Luz / Lucifer) Field, Madonna realizó el ritual más oculto y oculto hasta la fecha durante el descanso. Era tan evidente y abierto que, al año siguiente, la superbowl en Nueva Orleans, la contribución de Beyonce a la hipnosis de masas y el adoctrinamiento oculto estaba, bueno, más escondido, pero ciertamente no menos sombrío que el de Madonna. Utilizando la tecnología del flash estroboscópico, imágenes de culto al toro fueron subliminalmente disparadas en el inconsciente, lo que por supuesto llevó al apagón épico, que duró 33:55. Al año siguiente, fue Bruno Mars (Marte) quedando encerrado en el cielo, de nuevo con imágenes sublimemente relampagueadas, estándar, acciones, material oculto, pirámides, tercer ojo, ya conoceis el manual de todas estas triquiñuelas.

El año 2015, fue Katy Perry y su cohete de arco iris, que presagiaba un cambio importante en el ritual de la superbowl. Ya no era la oscuridad oculta, satánica, que se había convertido en algo más que un poco escondido. El cambio con Katy Perry también coincidió con el surgimiento y abrazo de la cultura LGBT, la fluidez de género y la confusión de identidad. Este es un tablón de ajedrez importante en la oscuridad, la Era de Acuario, donde ya no es crecer para ser lo que quieras (doctor, abogado, presidente), pero cualquiera que quieras ser y ahí es donde el viaje espiritual de Coldplay entra en la discusión. Atrás quedaron los oscuros, cultos al toro de mithra de Beyonce cult, la Lilith, imagenes de Isis y el inframundo de Madonna. Este fue un abrazo a la "Flor de la Vida". El escenario principal se convirtió en un pulsante mandala de afirmación. La banda estaba salpicada de colores del arco iris. Las oraciones sánscritas fueron garabateadas sobre los amplificadores. Chris Martin y compañía lanzaron sus éxitos. Como un punto y aparte, no soy un fanboy de Coldplay, pero algo pueden tocar.

Christopher (Chris / Cristo) Martin (marte / aries) juega el papel de Aries / el Cristo ario. Marte y Aries jugarán un papel importante antes de que termine este capítulo recuerda, Aries, Lady Gaga inició el ritual dela Super Bowl. Aries + Piscis (Aqua) = Aries o Acuario. No fue sólo la banda que estaba destellando tonos del arco iris, pero todo el estadio se le dio color coordinado tarjetas y se empapó en el espíritu Technicolor a la LSD de los mejores años 60 y 70. Esto era una celebración llena de la conciencia del arco iris- gays y lesbianas. Había una orquesta de cuerdas compuesta principalmente de lo que parecían jóvenes, mujeres asiáticas y una banda de marcha, desatada en la mezcla de confusion dioninisíaca y acrílica.

En un momento dado, uno de los miembros de la banda, una mujer masculina-andrógena, se convirtió en el foco de una larga toma, marchando sobre la lente, salas de estar y bares deportivos. Esto fue una celebración de lo que vale la pena, la versión LGBT-gay de la Nueva Era, envuelta en oraciones hindúes, un Cristo ario y conciencia Benetton del culto solar. Pero no podríamos terminar ahí, ¿no? Entra entonces Mark Ronson, productor extraordinario, el hombre detrás de "Uptown Funk." Ya hemos cubierto el significado de Martin / Marciano / Marte / Aries. ¿Qué hay de Mark? Aquí está la definición de Wikipedia del nombre "Mark"; "Mark es un nombre masculino común y se deriva del viejo latín "Mart-kos", que significa "consagrado al dios Marte", y también puede significar "Dios de la guerra "o" ser bélico".

Marcus fue uno de los tres nombres más comunes en la antigua Roma. Así que tenemos Lady Gaga (Aries) y Chris MARTIN y ahora MARK Ronson. ¿Adivina quién aparece después? Bruno MARTE. Y todavía no hemos terminado. Mark Ronson, nace el 4 de septiembre, coincidentemente el cumpleaños de Beyonce. ¿Extraño? Beyonce llega a escena y saca una nueva canción, "Formación". Es una canción completamente olvidable, golpeando ese paso en la línea, el ritmo militar de puta madre que parece ser la pista de clic para la mayoría de las canciones de Hip Hop. "Formación" ha causado un poco de alboroto, ya que ofreció un guiño a Malcolm X y algunos podrían decir que era más que eso; Era una llamada a las armas contra la policía.

Los bailarines de la reina Beyonce se formaron en una X, que muchas personas pensaron que era un símbolo para el mencionado Malcolm, pero yo lo vi un poco diferente. X se asocia con el Diablo (por supuesto que lo es) y es también un símbolo de la runa, Gebo, la asociación. Antes de transformarse en la X, formaron una flecha, otra runa, la runa del guerrero, "Tiwaz". Tiwaz fue nombrado después del Dios Nordico, Tyr. Es un planeta, por supuesto, es "Marte." De un poema islandés hablando de "Tyr"; Tyr es un dios con una sola mano, y los restos del lobo y el príncipe de los templos. Un rey (como) Marte. ¿Ves el patron que se forma? Así que las chicas militantes comenzaron a mezclarlo con Bruno y sus chicos y hay un poco de baile, un ritmo retumbante y luego el Cristo Ario cae, se une al coro de "Uptown Funk" y es una, gran, familia hippie y el mensaje detrás de la banda, una cartelera literal (arco iris, por supuesto) en las gradas dijo, "Believe In Love". Cree en el amor (amor libre)

Arriba el químico suizo Albert Hofmann, que sintetizó el LSD en 1943. Se sintió mareado y tuvo alucinaciones. En sus propias palabras, Vio "imágenes fantásticas, formas extraordinarias con intensos juegos de color caleidoscópico como mandalas...", describió el químico.

Así, que para recapitular, tenemos un orgasmo de psicodelia espiritual, geometría sagrada, grafos sánscritos, el Cristo ario, Marte, Marte y más Marte. 2, Vírgenes (la dualidad masculina y femenina) y la Nueva Era como una celebración LGBT-gay, con una profunda corriente de agresión. Aunque no tenía casi el mismo impacto oscuro y visceral de los rituales anteriores dela Super Bowl, éste era mucho, mucho, más subversivo y estaba atado a la profecía o programación predictiva si así lo deseas.

Recuerda, estamos tratando con el tema de Marte / Aries que atraviesa el himno y el espectáculo del descanso. El partido de futbol, en sí mismo, también tendría más elementos de Aries enredados en él. Broncos QB, Peyton Manning es, por supuesto, un Aries. Super Bowl MVP, Von Miller, también es un Aries. Recuerda que este fue la Super Bowl número 50 y, si tomas el camino planetario de las efemérides, Sol, Luna, Mercurio, Venus y Marte; Marte es el quinto planeta. Hay matices ominosos de la violencia y la guerra incrustados en no sólo el espectáculo del intermedio, sino en toda la Super Bowl en sí. Mientras que había una fresca brisa musical, cualquier cosa o cualquier persona le va las vibraciones de la Nueva Era que soplan en el Pacífico de Fukushima, El Sol Acuario, segundo decano, Géminis, la dualidad estaba transmitiendo por lo menos, dos mensajes muy diferentes si no tan completamente distintos.

Beyoncé haciendo de SHIVA, que no sólo es la destructora y parte de la trinidad hindu de VisNu Brama y Shiva sino también la diosa de la danza y la música que se apodera a través de ella de tu mente en la mitología oriental

BIBLIOGRAFIA Y FUENTES CITADAS

-All HipHop.com sacado de la entrevista de Jay-Z (2010)

-El Péndulo de Foucault (revisitado)", New York, 6 November 1989, p. 120

-Hip-hop Timeline EDITADO Y ACTUALIZADO. Fuente original: www.b-boys.com

-Howard, Robert United States Presidents and the Masonic Power Structure (2001)

-Lewis, Craige G., Minister, The Truth Behind Hip-Hop (2009)

-Mellor, Anne K., Mary Shelley: Her Life, Her Fiction, Her Monsters, pp.13, 83-84.

-Drugs as Weapons Against Us: The CIA's Murderous Targeting of SDS, Panthers, Hendrix, Lennon, Cobain, Tupac, and Other Leftists, John L. Potash (2005)

-Stranger Than Fiction: An Independent Investigation of the True Culprits Behind 9-11, Albert D. Pastore (2003)

-Mounier, Jean-Joseph (1801), On the Influence Attributed to Philosophers, Free-Masons, and to the Illuminati on the Revolution of France

-Nettl, Paul, Mozart and Masonry, (1981)

-Solomon, Maynard, Late Beethoven: Music, Thought, Imagination (2003) p.138

-The Magic Flute: Masonic Opera, Jacques Chailley, passim

-Walton, Chris, Pocahontas in the Alps: Masonic Traces in the Stage Works of Franz Christoph Neubauer, Musical Times: (Autumn 2005), pp. 50-51

-Wilson, Robert Anton, Hill, Miriam Joan, Everything is Under Control. Conspiracies, Cults, and Cover-Ups. (1998)

-Pike, Albert, Morals and Dogma (1871) publicado by the Supreme Council of the Thirty Third Degree for the Southern Jurisdiction of the United States, Charleston

-Ravenscroft, Trevor The Spear Of Destiny (1973) p. 91 Weiser Books, Inc.

-Robinson, John "Proofs of a Conspiracy" (1798), reimprimido por Western Islands, Boston, (1967)

-Sirius the Doggstar. www.thedoggstar.com

-C.C. Zain, Ancient Masonry: The Spiritual Significance of Masonic Rituals, Degrees, and Symbols (Los Angeles: The Church of Light, 1994)

-A Dictionary of Symbols, edited by Jean Chevalier and Alain Gheerbant (New York: Penguin Books, 1996)

-Michael A. Hoffman, II, Secret Societies and
Psychological Warfare (Coeur d'Alene, ID: 2001)
-Manly P. Hall, Lectures on Ancient Philosophy
(Los Angeles, CA., The Philosophical Research
Library, 1984)
-Henry Makow, "Lucifer is the Secret God of
Secular Society-Occult Agents Control Humanity,"
internet, savethemales.ca, October 13, 2003
-¡Alucina!: Mi Vida Con Frank Zappa. Pauline
Butcher, 2016
-Frank Zappa: The Negative Dialectics of poodle
play, Ben Watson, 1994
-To the Limit: The Untold Story of the Eagles,
Marc Eliot, 2004
-The Jimi Hendrix Conspiracy, Stella Fredman,2007
-Acid Dreams, Martin A. Lee, 1985
-Hidden Truth, The, (DVD), Jordan Maxwell, 1990
-Eye of the Phoenix (DVD) Secrets of the Dollar
Christian J. Pinto (Director)
-Texe Marrs, Dark Majesty: The Secret Brotherhood
and the Magic of a Thousand Points of Light
(Austin, TX: RiverCrest Publishing, 2004).
-Judith Reisman, Kinsey: Crimes and Consequences
(U.S.A.: The Institute for Media Education, 1998)

-John Sharkey, Celtic Mysteries: The Ancient
Religion (London: Thames and Hudson, 1924)
-Juri Lina, Under The Sign of the Scorpion
(Stockholm: Referente Editorial, 2002).
-Jim Keith, Secret and Suppressed (Feral House,
1993)
-Aleister Crowley, The Book of The Law (1904).
-Cathy Burns, Masonic and Occult Symbols
Illustrated (Mt. Carmel, PA: Sharing, 1998)
-Steve Worrall-Clare, Freemasonry - The Secret
Language (Dorset, England: Freedom Ministries
International).
-Anton LaVey, Satan Speaks (Los Angeles: Feral
House, 1998)
-S.L. McGregor Mathers, The Kabbalah Unveiled,
1910

BÚSCAME EN YOUTUBE EN EL COLIN RIVAS SHOW

WWW.COLINRIVAS.COM

Vete a amazon.es o .com o lulu.com y pon el nombre de autor en books o libros o Colin Rivas.www.colinrivas.com

www.ingramcontent.com/pod-product-compliance
Lightning Source LLC
Chambersburg PA
CBHW031125090426
42738CB00008B/976